野農詩之錄

潘皓・著

野農詩之錄

自序
——心靈探索與自我對話

儘管，文學不是我的專業領域，但由於特別鍾愛，卻成了我日常生活中不可或缺的一部分，尤其是現代詩。說起來，真的是有些值得玩味與不解的浪漫情懷。因此，由欣賞而進入創作，竟幻為飄泊於詩藝沙漠青空一孤鳥。

❶

就這樣，則讓我深深的體會到：「凡走過的必留下痕跡」這句話的現實性。析言之，它就像那面善於回報的鏡子一樣，總是在忠實的紀錄著我的一切。其間最能給予我與奮的，應該是風雨中翱翔的翅膀，挫折後綻放的喜悅。那種感受，即令只有一瞬間，也會使我終生難忘。

2

所以，當我自時光隧道走回到從前，那正值對日抗戰即將勝利之時。鋒鏑餘生，我還只是一個不愁的慘綠少年。記得就在我就讀高中時的一場暴風雪過後的午夜，不知從哪兒來的靈感？竟使我在一片茫茫的銀色世界裡，忽然以《路》為題，寫了一首所謂的「新詩」。由此，也就為我帶來了一個最難忘的挫折之鼓舞。因為這首「處女作」，在我把它送出去發表時，曾遭到安徽日報副刊編輯部連續三次退稿的紀錄。但是，我並未因此而感到失望或退縮，相反的，則針對每次退稿的原因，而更加細心的予以推敲和刪潤之後，終於被批露了出來。這對我而言，是多麼的興奮與期待的一刻。

也許，這是一種緣份，應該予以好好珍惜。但沒想到，從此卻一腳踩進詩藝的泥淖裡，踏一路如霧的迷濛，始終無法尋得對所謂「現代詩」的新格律之詮釋方向。大概，這就是因為它有個隨著時代流變的本質，或新的特性之所在吧？

首先，就把我所寫的《路》這首處女作中的，有些具有人文象徵意義的片段，節錄一二於后：

3

走出了山洞，振翅飛揚
洪荒被釋放的各個脈博如流，而帶著
夢和歌猛力湧向黑色莽林之外

從此，人世的路都在向前伸展著
都在向那迢遙的遠方，那無窮盡之無窮進的
天之邊陲，那縹緲之縹緲的雲間伸展

歷史，就是這樣寫出來的
路跨越時空，自迷濛的雲水間穿過茫茫蒼宇
啊萬里江山如畫而懸於天際飄流

而執著的中國人，就這樣
以腳掌的雕刀大踏步寫出了漢唐盛世
爲炎黃子孫留下不少傳承之寶

如今，不必問風雨歲月何時了

那期待已久，屬於中國人的二十一世紀
已經擎著黎明，踏一路繽紛而來

而這些偉大的事蹟，從伏羲氏觀天象、劃八卦，揭開了宇宙的奧秘之同時，也揭開了上古史的序幕，一條勾勒著文明的軌跡，就此呈現了出來。詩畫名家王錄松先生，曾以《路的啓示》一文，對於我的這首處女作，給予很高的評價。

❷

於是，我自一九四六年起，開始嘗試寫作現代詩之後，經過了一段相當長的摸索過程，直到二十世紀末，隨著千禧年那個著了魔的數字來臨前，才算有了初步的成就，而且，也才實現了我於中學時代種在文藝苗圃中的夢。明白點說，就是把我在這一方面所作的耕耘成果，為了有所交代，以有計畫的將各個時期的作品，分為「早期」、「中期」、「後期」，與「晚期」分別加以整理出版面世。

同時，我還要藉此機會，提一提在我寫作的生涯中，雖也滿足了我在某些方面的成就感，可是還有很多未能實現的企盼。因為在年輕時，由於好勝心的驅使，對於散文、現代詩、小說、短評、專論、乃至學術論著等，都曾作過嘗試。其中最使我狂熱的、執著的，就是現代詩；尤其是到了現階段，幾已成為我日常生活中最重要的項目之一。除可藉此自娛外，還能為社會說話，為真理留言，為歷史作見證。例如我於一九四七年的九月六日那一天，在故鄉的安徽鳳陽，面對著「徐蚌會戰」那關鍵的時刻，我以極其痛苦和悲憤的心情，寫了一首《一扇朝向北北西的窗口》，其中的第一、二兩段，即可說明一切。

九月的黃昏
覆蓋著哽咽的江流
使晚來的潮汐
擁抱破碎的山河痛哭

6

於是，我默默地凝視著遠方
凝視著那來自西北利亞的戰火
陷多難的中國，又將
面臨一次不堪想像的悲劇

當徐蚌會戰失敗之後，我於一九四八年的十一月間，為了避免戰火波及，即自故鄉鳳陽逃亡到南京。不久經由浙江的金華，廣東的廣州，最後到了香港。背向一片茫茫大海，回首中原，「一輛在載著冬天的火車／匆匆地把徐蚌會戰的砲聲／帶到了南方」。就在這個時候，我又於香江寫了一首長達五百多行的「朗誦詩」：《誰使我流浪》。開頭我只是以無奈，不解，與迷惑提出質疑：「帶著離愁悲憤／踏著風雨泥濘／明知這是對自己的一種虐待／為什麼偏要走向茫茫天涯路／為什麼／為什麼？」接著我要問的是：「誰把極權叫做民主／誰把奴役叫作自由／誰使我流浪／誰迫我逃亡／是誰／是誰？」於是我似乎聽到：「錢塘江在咽嗚／長白山在怒吼／黃浦江鴨綠江在哭泣／太行山大青山在咆哮／上帝在嘆息／魔鬼在詛咒／難道這些嘶啞的呼喊／就擠不出一滴回聲嗎？」這首詩，是以口語化對偶的句型構成。其內涵非僅道出了一個去國的浪子悲感交錯的心境，同時也反映了多難的中國之時代背景。發表後，曾獲中國廣播電台詩歌朗誦節目多次播出，旋即被選入《大道文藝叢書》第一輯。此對我日後執著於詩歌藝術的創作，有著很大的鼓舞。

❸

由於詩，是一種藝術、一種存在，和一種具有哲思的莊嚴的美。而且，不管是古典的，抑或現代的，不管是春華的，抑或秋實的，不管是環肥的，抑或燕瘦的，無不各擁有其獨特的高雅風格，為後代子孫留下不少令人激賞的名句和史乘。這說明詩，在人類的社會中，是一項不可或缺的精緻文化經典。設若沒有詩的存在，就像沒有陽光照耀的大地一樣，即令是黎明時分，卻依然被黑色的陰影籠罩在一片灰濛裡。

那麼，又什麼叫作「現代詩」呢？我個人以為，就是詩人針對某種具有吸引力，而又易於聚焦的意象，以他的情感、意志，透過美學及寫作的技巧，所建構出來的所謂抽象的具象而混成的「組合藝術」（Collage art）之一種新文體。而這種新文體，不受任何形式約束，可隨意著筆，甚至一草一木，冥思幻想，皆能成為心靈活動之所在。不過，一首夠格的詩，非僅要有內涵、意境、情調、韻味，與美感，更要擁抱人文精神，以及生命的意義與其核心價值，方能凸顯出多面性的影響之重疊的效果。譬如我於一九六六年的九月間，為避免戰火波及，與同學相約逃亡，可是沒想到在冒險時，卻依然遭到不幸。根據當時的情形，我寫了一首《飄搖的故事》，但最後一段，不知怎樣才能呈現出那種恐怖的陰影，而只是以：

最難釋懷的一次相約
（也是最後一次）
是在長江灘頭揮別暴風雨的那一瞬間
竟遭到割裂之創痛

如今仍在心海中顫動著
仍在
天際飄流……

但是，像這種令人心碎的詩，能否引起讀者們的共鳴？那只是一種心靈活動的感受而已。關於這一點，我相信每一個詩人，在他的情感流露中，都是與讀者站在一起的。讀者們的笑，就是他的喜悅，讀者們的哭，就是他的悲痛。這雖然是屬於個人的，但也是屬於時代的。否則，儘管詩人運用多麼淒美的文字，多麼動人的語言，多麼叩人心弦的形容詞，那也只是剪貼的、拼湊的、或堆砌的，沒有任何意義之可言，充其量只不過是一束美麗的塑膠花罷了。

無庸置疑，詩亦有其功用，在前段中，我已略作論述。如果有人只是以現實的功利主義之視野去看待詩作品，詩藝術，那就根本不足以與之言詩。然而，詩的功用究竟是什麼？若以社會學的觀點而言，應該是以「詩之美」的哲思，而達到「秩序的和諧」為其終極。因為詩，是以文字與語言為工具，用來作為宣情達志的藝術。於是所謂詩，在於一種情感，或一項體驗，藉著一個具體的意象為之表現，使其構成富有人文氣息的多面向的新生命。這不但可以提高並澄清世人的氣節，而且還能讓一些受難者的靈魂和無告的心志，得到至高無上的淬勵和奮發。

因為詩，連同一切文學和藝術。首先必須是個人的，而後才是鄉土的，社會的，民族的，以及時代的。惟有如斯，每一個詩人，每一個文學家，每一個藝術創作者，都必須有其所從屬的個人之個人觀點，所從屬的鄉土之鄉土的情份，所從屬的社會之社會的習俗，所從屬的民族之民族的性格，以及所從屬的時代之時代的背景。而這種個人的觀點，鄉土的情份，社會的習俗，民族的性格，與時代的背景，又必須透過一個詩人，一個文學家，或一個藝術創作者，以「務本」、「突破」與「整合」之三大要領為主軸，融會於其作品之中，才不止於抽象的、概念的，進而成為一種有活力、有生命的不朽之作。

❹

很高興，在一九九九年的五月四日，那期待已久，我的《夢泊斜陽外》，終於如願出版面世。不過這個集子，所收錄的詩，都是「早期」的作品，同時並包括我於一九五五年出版的《微沁著汗底太陽》，及一九六〇年出版的《在莒集》中的幾首較有意義的詩作。換句話說，這應該是我的第三本詩集了。

當我把那些曾經發表過的詩，從報紙、雜誌、或詩刊上收集了起來，加以審視與整理後，卻有著無限的感觸。就像我於一九四八的一月，所寫的那首《金陵夢斷》一詩，第三段所云：

石頭城的黃昏似在滴血
秦淮河畔的笙管被淹沒在一片砲聲裡
只有滿街梧桐枝頭的
落葉，在寒風中訴說瀟瀟……

坦白的說，像這樣的詩，不僅在忠實的紀錄著我，而且也在伴隨著我，為追求自由，而渡過一段漫長的顛沛流離坎坷路，讓我的悲憤靈魂，從熱血的沸騰中，迸發出生命的火花。如果在這個集子裡所收錄的詩，能有部份創作，或即令只有一首，能反映這個時代的人們愛與恨，憤怒與哀思，當非毫無意義的感嘆了。

因此，我常常在詩底歷史的長河裡，把藍空的雲濤，碧海的波爛，或晨曦與夕照交互相對的輝映，看人類社會與自然界的形形色色，從事於詩研究、詩創作、詩評論，儘管這只是屬於另類的『烏托邦』（Utopian）理想主義之思維投影。

然而，當我閱讀了中國新詩發展史，才知道它是自一九一九年的「五四運動」肇始，這也是中國詩流變的一個新的里程碑。可惜的是，因我遲來了一步，未能趕上此一風雲際會，不無遺憾。沒想到三十年後，復因烽火中國，將莽莽神州捲起了一片滾滾煙塵，遽而嘗試寫作現代詩，也算是大時代中的一個挑戰的機緣吧！

之後，由於內戰的擴大，使我被迫離開了故土，幻為飄泊於茫茫蒼宇的一片雲，隨風盪漾，飛渡重洋，終於來到南中國海的一個稱作寶島的臺灣，於是，我曾於一九五六年的三月，寫了一首，《過客》，來形容我當時的心境。

來到這島上，好比
一片飄浮的雲
泊半山松徑感千古之蒼涼
且於瀟瀟風雨中
不知明日又將飄向何處
當空谷泉流響敲擊著我無告的生命
頓使那豪情
似隨煙波一俱去

而這時，西太平洋上的風雨仍在飄搖，究竟何去何從，誰也無法掌握。但奇怪的是，在臺灣的詩壇上，竟出現了許多不同型體的框框組合，在相互的對立著。像這樣情形，至今依然存在，令人有些不解的感慨。

但值得自慰與自勉的是，從中學時代起，詩變成了我的最愛，尤其是現代詩，更是有著一種幾乎近於癡狂的狀態。雖然，明知自己無此天賦，卻依然堅持這份執著，甚至為了追求此一崇高的理想，不惜耗費大好時光而無悔。

❺

接下去，我要介紹的，就是我的第四本詩集《雲飛處》，其中所收錄的詩，都是我「中期」的作品。那麼為什麼用這個命名？意思是指我的飄泊生涯，至今仍未告一段落。例如我於一九八一年的九月，所寫的那首《儘管這裡也是中國》，它給我的感受。所以一開始，就毫不隱避的如是描繪著：

只因缺少一把
植根泥土

故一直患有一種
無法癒合的疏離症，不時煎熬在
我心靈的深處
儘管這裡也是中國

因此，我又在《雲飛處》這首詩裡，更進一步的指出：「當窗外的風景／從凝眸中驀然消逝／山披著煙嵐／茫茫如雪擁荒原那種萬徑人蹤滅的／一種可怕的孤寂。」接著：「那朵雲／乘風而去／那朵雲／好想擁有整個藍天／那朵芸／顯得有些慵懶／那朵雲／正停留在江岸準備飛渡。」就在這時，我把凝眸自窗外收回來，若有所悟似的，而寫下了一個結語：

就此跨越
萬丈懸崖孤絕吧
而浪的島嶼
早已成爲拍岸濤聲中的泡影

待從頭
煽亮夕陽紅
讓滿山楓火化作
春泥夢土

就此，我駕著思緒，悠悠地航向遠方，把天邊那一朵朵的晚雲，都看成了歸帆。

因為詩歌藝術，原本就是一種抒情的產物，在建構時，如能讓它擁有濃郁的夢幻意味與哲思的情境，自可給予人以美感而引起共鳴。像名詩人鄭愁予在其《野店》一詩中，所寫的那句「黃昏裡掛起一盞燈。」是多麼具有智慧的描述。

而法國象徵派的詩人馬拉美（Stephane Mallarme 1842-1898），就曾說過：「靜觀物象，在其喚起的幻想中，當想像飛揚時，詩乃成。」這就是一個詩人在其創作的當兒，瞬間的感受所捕捉到的那種想像動態的畫面。

當我把《雲飛處》這個集子被選入的詩，從我的詩創作的檔案中抽出來，加以分卷排列之餘，卻又立刻出現了當年在冒險逃亡時，那一幕幕可怕的陰影。因為這些詩大半都是我自戰火中，面對著死亡，彈片滴落如星雨的心跳地帶走出來之後所寫，其恐怖的情景，真的是很難以想像。

❻

雖然，人生如過客，但詩在文學上，屬於一塊永恆的瑰寶；同時也是反映人類情感活動最精湛的核心價值之文采。一首好詩，能使人看後心為之動，神為之馳，其功用不可為之不大。可是，不知為什麼？政府和社會卻只把它當作一種點綴品看待，這在認知上，是值得思考與商榷的呀？

其實，我之所以有斯觀點，是由於我從中學時代起，就對詩產生濃厚的興趣，甚至陷入如癡的狂熱感。後來更由於飄泊的身世，苦難的情懷，使我的詩多半都是以淚和血寫出來的。因此，我於一九四九年的八月，流浪至浙江金華時，突遭戰火波及，曾寫過一首《窒息的驚恐》，就是在描繪當時那可怖的情景。請看其中的第三段：「不知從那兒／掃射過來的一陣槍聲／我自死亡的人堆裡醒著爬起來／摸黑渡河

／心跳在血泊中／飛濺！」最後，我只好：

匆匆越過一座山
背後仍有巨大的喘息
在敲擊著我那
脆弱與無告的生命
正捲起在錢塘江上那澎湃的
潮聲裡
隨浪花滾動

這是個恐怖的故事，它在我心靈的深處，永遠都難以釋懷。像這種巔沛流離的坎坷歲月，我已經走過了半個世紀，彷彿仍在繼續，並未就此終止。不幸的是，如今更面臨著一種悲劇，那就是政黨輪替後，不思發展經濟，造福群倫，相反的，竟然公開的利用民粹，撕裂族群，製造混亂，真的太不可思議了吧！

當下我以如此的告白，是說明我個人自我存在的感受、認知，和期待。因此，我又於一九八九年的十一月，寫了一首《歷史的版圖》，全詩只有十行：「一轉身／便把韶光踩碎在／滾滾煙塵裡／如今我站在這唱著美麗的悲歌／南中國的孤島上／縱情於澄藍的碧落／看風雲如何／讓這葉飄搖著的／歷史版圖／踏向微雨歸程。」

如今我雖已邁向晚年，但依然為著築夢而活著。因此，不管我過去所遭遇的太多不幸，在心理上，卻從未產生過任何悲觀的嘆息。所以我最欣賞美國著名的文學批評家舒渥特茲（Delmore Schwartz），在其《論現代詩的孤絕》一文中，就曾如是的說著：「在機械工業日漸猖獗的社會裡，具有創造性的詩人，往往被視為一頭怪物或孤絕，而且沒有任何地位之可言。」誠然，他雖然在述說詩人受到現實社會的冷漠，成為孤絕的一群，但這並非起自詩人本身刻意自命不凡，而是因其對物慾社會的墮落有所區隔，不願與之同流合污被物化浸蝕，而竭力予以超脫。所以說一個詩人，他所要表現的，無非就是這種不為苦難所困的傲岸風采。

❼ 不可否認，詩歌是訴諸靈魂的文學藝術，而且也是詩人內心世界活動的表現。惟因層次較高，拒絕在現代經濟社會中充作商品而自我矮化。所以無法擁抱大眾，尋找他應享有的適當位置。但是，詩人仍能以個體情感紀錄的形式，構成社會群體人文惟一的支柱。因此，當我們在評斷或吸收中西文化之縱的傳承與橫的移植時，將怎樣去塑造一種新文化，或哲思之美的真實了悟風格？那才是我們所要追求的一個正確方向。因而，我於一九六六年的三月，所寫的一首《哲與禪的了悟與迷思》其中的第二段，就是如斯的闡釋著：

那高不可攀遙不可即的神聖
是盞指引通向永恆與無限的燈火
在隱然懸於天階
而我只能察之以蒼冥
明知己見性，方可覺之以存在

這與信不信宗教
信不信神明全然無關
空靈實物即是以永恆與無限
去看待人與佛
互動的因緣之契合

關於此層，有項珍貴的史料值得參考。那就是一九三〇年的七月間，泰戈爾（R.tagore）與愛因斯坦（Aibert Einstein）東西兩位大師，在德國的柏林第一次會晤所留下的紀錄。當時彼等被形容為：「泰戈爾是擁有思想家的詩人，」「愛因斯坦則是擁有詩人的思想家。」

而泰、愛兩位大帥，在這次會晤討論的話題，正是「美」和「真實」與「真理」的本質。愛因斯坦首先以針對性的點出他懷疑美和真是獨立存在於人類之外？他說：「如果不再有人類，梵蒂岡的貝爾維迪宮之阿波羅雕像，就不再美了。」

可是，泰戈爾反對此一前提。他也以假設性的提出解答。他說：「真或真理要透過人類方能理解。如果有些真理對於人類的心靈，不具有感性或理性的關係？這些真理，就毫無意義可言。」

由於沒有結果，也沒有預告，第二個月，泰、愛兩位大師，又在柏林聚會。這次應是他們第二次的相晤，他們所談的，是以西方和印度古典音樂與文化藝術的不同為主軸。愛因斯坦說：「就我們對藝術的反應而言，不論是在歐洲，或亞洲，總是有相同的不確定性的存在。」泰戈爾未置可否。但他卻希望站在東西方觀感尋求妥協的立場去得到答案。而他進一步說：「在東西方和解的過程中，一些見仁見智的個別想法，總會慢慢地向著那放諸四海而皆準靠攏。」此就人類共同文化與藝術而言，這種發展，我們武斷的說，已經是成為自然的趨勢了。

❽

有耕耘，必有收穫。在此，我要特別加以說明的，就是有關於我的第五本詩集。其中所收錄的詩，依序應屬於我

「後期」的作品。惟因數量過多，無法容納，故把它分為「後期」與「晚期」兩個集子出版。「後期」的命名為《雪泥煙波》，仍含有飄泊之意。而「晚期」的命名為《哲思風月》，其內涵，是對大自然之美的欣賞。此外，我還有個以寫詩為樂的夢，悠遊于哲思裡，故曰「哲思風月」。如果把它寫成了一幅對聯，那就是：

一樽明月
兩袖清風

此對我而言　是非常恰當的。

如換個角度去看，詩之所以能成為文學或藝術的經典，其關鍵就在於創作時，如何以哲思去抓住一個可以凸顯聚焦的意象？是極其重要的。析言之，也就是它的意境、憧憬與審美性。這在詩藝的歷史長河裡，應屬於一則永恆不變的面向。

不過，要創作一首有品格的詩，必須針對某些具有人文核心價值的現象，以最精準的詞彙與社會或時代流變的語言，作為自然調適的素材，然後再以創新的思維和大膽突破的嘗試，才能表現出最現代的超越之豁達，而駕乎個人生命以外的那一種審美的感知世界。惟有這樣，才能讓讀者們欣賞和領悟後，得到心理與意志以及其精神上的滿足感。可是近年以來，由於在現代詩的各個領域中，間或有失之所偏，不慎而予以誤導，尤其是在受到網路詩大潮的衝擊，於是標新、立異、耍酷、搞怪，更使得與世推移，長存不朽的審美藝術，遇到最嚴重的摧殘與破壞，這不能不令人憂心。像這種詩，如果從求變的角度來看，應該屬於暫時的，未來必將有所導正。

關於這個問題，我們不妨回過頭來審視一下，一九八七年諾貝爾文學獎得主，俄裔猶太詩人 J.Brodsky 的看法，他說：「文學真正表達的，只不過是時間對人的影響之呈現而已。」於是他舉例說：「像生離、死別、衰老、死亡，無不是由於時間的運作。」同時他又特別強調：「只有詩，是惟一可以對抗時間侵蝕的抗體。」這說明詩，是一顆懸於九天之上的恆星，只要一遇到黑暗，它就會迸發出璀璨的光芒。所以說，詩不僅有對抗時間侵蝕的作用，而且還可以把人類日常生活的品味，提昇到富有審美性的藝術境界。如果能善於掌握，就可以創造永恆。因為詩能藉著語言、景象、聲律和節奏，建構出超越時空的不朽之作。只要我們放聲吟唱南唐後主，李煜的那闕千古傳誦不衰的《虞美人》，就可得到答案。

春花秋月何時了，往事知多少？
小樓昨夜又東風，故國不堪回首明月中。
雕欄玉砌應猶在？只是朱顏改。
問君能有幾多愁？恰似一江春水向東流。

從這裡，雖不免慨嘆歷史人物在時間滾滾的洪流中，起起落落，但也證明了，只有詩卻不因歲月的流逝而有所改變。尤其是像李後主這樣的經典之作，他以高亢快速的調子，將血淚交織，悲憤相煎的心靈鬱悶，從被囚禁的小樓上，用無奈吞嚥，深沉呼號，直抒其亡國之恨。像這種淒美之情的傷痛，影響至為深遠。而這場悲劇，到此也就宣告落幕。

❾

另外，讓我最不能接受的，就是面對著二十一世紀科技的壟斷，富裕的貧乏之功利主義壓縮下的物化社會，致使人文精神式微，苦難與夢魘相互交錯的混亂情勢。我以為由菁英份子所建構的文壇，有責任發出呼嚎，更要以昂揚的氣質，把真理化作翱翔的翅膀，飛向雲天，閃爍於大千世界，好讓歷史留下見證的光譜。

尤其是，對於那些被扭曲的政治案件，以及許多不實的片段史料，更需要加以嚴肅的批判，予以糾正建檔。因此，我曾於一九九六年的十月，針對爭議性最多的「二二八」事件，寫了一首最簡短，而疑問也最多的詩。

二二八，這被
蒙上一層
陰影的悲劇傷口
爲什麼經過
半個世紀還在喊痛
直使得那座被人敲掉銘文的紀念碑
終朝擁抱著一份
迷惘躲在夕陽下沉思？……

⑩ 就因為這樣，在我過去許多的詩作中，像《舞台》、《飛沫》、《歷史的長河》、《夾層屋的迷思》、《福爾摩莎》、《異象》、《孤城》、《夢與泡沫》，以及《孤鳥》等，都是我在創作的過程中，以個別紀錄的形式，為探索真相所寫下的各項見證縮影。希望留給日後，作為歷史學家的參考。

最後，我要贅述的，就是我的第七本詩集《野農詩之錄》。其中的詩，依序應該屬於「後晚期」時代的作品。所以，我要把以上各集自序中我所提出的各種觀點與感知，加以融會整合，作為整體紀錄，充當本集的序言，或許可以呈現出多面向的情景。

但是，我必須回過頭來，去看自己。想當年，我以《路》為主題，開始嘗試寫詩之後，由於「一扇朝向北北西的窗口」，旋即被戰火從故鄉鳳陽，放逐到西太平洋上的台灣寶島。於是自逃亡過程中，寫詩是我惟一的心靈慰藉，也是我尋求夢幻與探索浪漫憧憬的惟一寄託。

根據當時實際的情形，在首都南京，我曾寫過《金陵夢斷》、《風雨故都》；在浙江金華，我曾寫過《窒息的驚恐》、《九月山間的野店》；之後經廣東到了香港，我更以《那堪回首》、《誰使我流浪》，發出了怒吼。接著我很幸運的就到了台灣。下船後第二天，我就寫了一首《獻禮》：「來到這島上／我只帶來一首詩／一份無可取代的心靈獻禮／獻給二十世紀／這飛揚的時代／多災難的中國／以及離開了我又永遠／關懷著我的家人和朋友們。」我惟一的希望，就是：

當風雨過後
踏一路繽紛歸去

綜合我寫詩的歷程，大致可分為三個階段，但都是在飄泊中創作出來的。

其一、是狂熱期。這可能是受到「五四新文化運動」之後的一股新思潮的影響。對於寫新詩，或白話詩，以及後來所謂的現代詩，幾乎近於癡狂。在創作時，多半是於夜間。有時為了一個字或一個句子，使我整夜難以入眠。雖然在此一階段所完成的作品，多達四百多首，但自以為滿意者甚少。所以在整理後，僅出版兩本詩集，一為《微沁著汗底太陽》，另一本則為《在莒集》。此對我而言，只是個摸索與嘗試的過程。

其二、是興致期。由於詩藝術是我的偏好，但在一陣狂熱被冷卻之後，而依然演為業餘性的唯一興致。因此，在創作上，是將「早期」、「中期」、「後期」，和『晚期』各個不同時代的作品，規劃成四本自選集作為目標。如今已出版者，像《夢泊斜陽外》，即『早期』的作品。《雲飛處》，即『中期』的作品。《雪泥煙波》，即「後期」的作品。《哲思風月》，即「晚期」的作品。至此，可以説已全部完成。另外，就是本集《野農詩之錄》，依序應屬於「後晚期」時代的作品。究竟還有多少？那就看我的身體狀況以為斷了。

其三、是娛樂期。這時，在我的人生旅途上，已經接近了終站。寫詩將是我一個娛樂節目，其中是以晚景、時事、人物，以及社會現象為對象。在不受任何限制或約束下，只要是我心靈所要捕捉的，均將盡情的予以揮灑。於是我曾經寫過一首《我的詩》，就是這樣的描繪著：「我的詩是以陽光／雕琢出來的，雖有些浪漫主義的色彩／它卻像雲之白／掩映天之藍的自然。」換句話說：「有什麼說什麼／是什麼寫什麼。」就這樣，「偶爾即令煙嵐濺淚／模糊了遠山凝眸的窗口／而依然有著／月泊秋江的風采。」所以「擁有它猶如擁有／不滅的火種／只要面臨黑暗它就會燃燒。」如是以觀，那不就是神仙的生活了嗎？

至於談到本集所收錄的八十首各類型的詩，係自二〇〇二年起至二〇〇九年二月止，共八年中所選出者。在編輯方面，仍採以往所出版的各個詩集之慣例，未作任何屬性之歸類，只依據創作時間的先後之編年史為序，每兩年以二十首編為一卷，共分四卷排列之。這或許能讓讀者藉此了解一首詩的構成之時空背景。

以上我所列舉的那些作品，多半是在我被烽火中國放逐到海外，面對著一片茫茫若煙波的文化大沙漠，幻為雲夢中的一隻孤鳥之後所寫。那麼，就讓它展開翅膀，沿著詩藝文歷史的長河，飛向藍空，飛向永恆與無限吧！

二〇〇八年八月二十四日於大陸
蘇州市甪直文化古鎮鴻運花園渡假村

32

野農詩之錄 目錄

·卷之二

・卷之三

·卷之四

附錄

野農詩之錄

後晚期作品　卷之一

創作的時間　二〇〇二—二〇〇三

後晚期的作品

42

達娜伊谷溪

——因為這裡充滿著
人文氣息的靈秀，所以……

在阿里山典藏的文物中
有塊會唱歌的磁石
讓天外好奇的耳朵全豎了起來

最嚮往的應該是那些最
浪漫的孤獨詩人，以美學的迷惘
燃亮了他夢幻之旅的凝眸

一走進觸口，就被雲嶺
懸空的流泉吸引住
滿坑彩蝶扮演著導遊員的角色

哇！好一灣清芬可挹的
水晶潭　其間跳躍的鯝魚已列入
原住民鄒族部落傳承之寶

但當牠側著身子翻騰時
竟捲起一朵朵笑靨
瞬即跌蕩在陽光閃爍的浪花裡

可是天文學家卻又把它
歸屬宇宙的諸天體之恆星、行星
衛星，或慧星，還有流星……

後記：達娜伊谷溪，是阿里山原住民鄒族部落的一塊原始勝地。遠遠的看去，好像是來自天上的一道流泉。周遭群峰聳立，雲煙繚繞，更顯示著有一種獨特的景觀風采。我這首小詩，是於二〇〇二年一月間前往旅遊時的即興之作。

二〇〇二年一月三十日於臺北哲思工作室

我思故我在

我一向酷愛哲思
尤其是暴雨過後
月泊海疆，面對著那一片
寂寞的新思潮
浪漫就是我的憧憬

不管風從哪裡來
夜色明或暗
我依然會縱身西馬拉雅山世界的
屋頂去探索外太空
還未被掘鑿出來的異象

二〇〇二年二月十七日於臺北哲思工作室

跳躍式的海景

——採自淡江夕照精雕的藝術動線

·

走下紅毛城，瞬即被
漁人碼頭的拱橋
接駁到水湄那吊著降落傘的咖啡屋
啊這不就是老人與海嗎

·

於是，夕陽和山水
為我泡一杯三合一的詩之露
濤聲因風起
向巴士海峽奔騰

·

而凝眸忽地飛出看天之外

那片帶有些淒涼隱痛
跌蕩著飄浮之美未了情的雲煙，該是
張愛玲《海上花》的遺稿吧

·

此際黃昏雖已濺淚
但我若是雪嶺上的那抹彩霞
即令只剩下殘燼
也要把西山燒成紅海

二〇〇二年三月二日於淡水降落傘咖啡座

碧潭的黃昏

像杯紅葡萄酒
朦朦朧朧
不帶一點兒浪漫的添加物
卻能跌蕩出
如斯醉人如斯美
當那臥波的長龍
夢幻吊索橋
頻頻潑灑煙嵐逕與雲嶺上的
海角紅樓握手
瞬即爆出了映山紅
於是噹噹噹

噹噹噹……
這響自深山的鐘聲啊
卻把黃昏
敲成滿天彩霞

二〇〇二年四月二十日於臺北哲思工作室

佛

——我心中的如來

佛，請您告訴我
如來這奧秘
到底應該是要如您的來
抑或如我的來

假若說，我是一個
執迷不悟的人
下次當我看到您拈起一朵波羅華
我是該笑呢？還是哭

請您告訴我吧！佛
在一切還沒有

得到解答之前我是不想到您的
那棵無憂樹下聽你説法

二〇〇二年五月九日於臺北哲思工作室

海之宴

我愛海，我更愛把美學
融會於觀潮、博詩
但每當以夢幻的視野捕捉飛花時
就會出現冰層式的雪山倒影

在風前，只要海水一聳拔
浪花瞬即爬上了懸崖
天之外那座充滿著神密色彩的幽谷
總是會發出憤怒的號咷

啊午後的那匹紅鬃烈馬已
跨越藍空斜坡大草原
為呵護湧動如浪濤翻騰的羊群

一波接著一波擁上灘頭
可是當我在不知不覺中
掉進了西山下那片
紅通通的漩渦裡，則只好聽濤聲鼓譟
看斜陽在焚燃那朵泣血的紅蓮

二〇〇二年六月三日於臺北哲思工作室

大笨鐘
——英國倫敦的地標

勿須旁白，只要
用你的視覺
對著凸顯於泰晤士河畔的那
大笨鐘瞪一眼
它就會告訴你它就是
英國首都，倫敦

依它那特殊的設計
可以肯定的說
沒有任何一棟建築物比它更適合
做為世界級的象徵地標

從歷史的角度看
自十八世紀
開始運轉就沒有停止過
即令二次大戰
遭受德軍不斷猛烈的
轟炸，它依然能發出鏗鏘之聲
於是更加堅定了
英國人的抗戰決心

二〇〇二年七月二十二日於臺北哲思工作室

各有主題

一

半個世紀了，我帶到
南中國海上的那一道孤憤
終於演繹為
跨越兩岸的虹橋

二

山巔上的那棵羅漢松
常年挺立在陰冷的雲霧裡
只有陽光能夠
給予它一點兒繽紛

三

不知道為什麼
昨夜天邊的那隻玉兔
竟然開心得
笑掉了它的下巴

四

當成群的海鷗族
在太平上翻騰逐夢時
忽被浪蕩的風
瞬間捲成了一渦雲

二〇〇二年八月廿八日於臺北哲思工作室

密籙

別小看這小小的
一小片薄得
像樸克牌似的ＩＣ健保卡
驗明本尊、診斷疾病；維護健康
全都需要它
但千萬莫曝光
千萬
千萬
不能暗自
侵犯，或揭露憲法所賦予
人民的這一則
隱私權的神聖密籙

二〇〇二年九月四日於臺北哲思工作室

雙十符籙

一葉褪了色的史乘
在風雨中淪為南中國的孤憤
但它那起義砲聲
仍懸於武昌天際飄搖

誰也不能否認雙十
這枚辛亥革命的秘密符籙
依然是全亞洲的
第一個民主共和圖騰

於是每逢此一節日
海內外所有的炎黃子孫都在
用他們的那憤怒

唱出這最崇高的尊榮

而且齊集黎明廣場
仰觀青天白日滿地紅的旗幟
自沸騰的掌聲中
莊嚴而更昂然的昇起

二〇〇二年十月十日於臺北哲思工作室

拾遺篇

a

您，應該不會忘記
當我們在海邊散步不慎落水時
卻逗得腳底浪花哄堂大笑

b

最，令我不解的是
星空下的萬籟都在竊竊私語
然而只有您
總是以沉默面對

c

但，不知為什麼
我和您就只能背靠著背在傾聽
彼此那鏗鏘的心跳音符

d

那麼，就把這一份
珍貴的密錄好好收藏起來吧
讓她化作
一首永恆的詩

二〇〇二年十一月十九日於淡水漁人碼頭咖啡屋

最後的憧憬

儘管一生天涯漂泊
皆化作沙鷗翅膀
可我卻能從烽火海峽鑿開驚濤

看西山外的那朵雲
不是在浮雕晚景嗎

雖然這只是一幅朦朧潑墨
彷彿在速寫走回時光隧道的片段情景
使顛波了半個世紀的夢
已被它的影子拉得好長好長
而演繹為白髮三千丈

懸於天際隨風湧動、飄流

於是我只有擁抱著這
最美時的夕陽紅
不讓她就此嫣然一笑消逝在——

那爛醉如泥的黃昏裡

二〇〇二年十二月六日於臺北哲思工作室

淡水觀海記

觀海，可以掘鑿神秘的想像
到淡水喫下午茶，能泡製淅瀝濤聲
放眼海角那將被淹沒的
殭冷小島，在夕陽醉得如爛泥的餘溫裡
驀然找回記憶，泅泳於那
翻騰的浪波裡在打撈流金歲月

就這樣，茶與浪花交互激蕩
演繹為海峽飄忽的雲煙
為探索夢中樂土，乃隨著風的速度，靜的恒動
以及觀音山重疊的倒影而
逐層逐層擴大，直向天之涯那
漫無邊際的未知奔流

紅毛城是觀海最佳的凌虛之境
鳥瞰時卻不禁揮出浪漫主義的毫芒
針對滿懷煩悶無解的心事
模擬成兩組愛恨情仇與恐怖平衡的實體
在各自迷失於霧塞之際
看誰能藉由午後的微風脫困

現在，雲把它閃爍的霞彩
潑灑在海芋的蕊芒間
好讓群集的沙鷗爭相追逐，散播出朵朵飛花
自一則寓言的水晶球上
審慎去解讀、選擇，或認定
後現代思潮的走向

當夜景瞬間自漁人碼頭浮現
連串若螢火族的幽靈，則悄悄地

沿著水湄飄向紅樹林蔭
但伴隨而來的陣陣飛鼠，在淡淡的月暈下
環繞著關渡大橋，用翅膀
傳遞一些模糊而又冷漠的情愫

之後，海上驚濤突爆出
一聲震撼似的電鳴
誰知就在這時，左岸十三行往昔的燈火，忽又在
八里的丘陵地帶再度燃亮
且以黑白的二分法而同步完成
淡江之上的浩瀚星空

二〇〇三年一月十八日於淡水觀海樓

飛虎

——今年臺北燈會塑造的主題

浩氣展宏圖
牠就是
那一隻站在高崗上
凌空的大飛虎

於是怒口大開
仰天長嘯
大有一飛沖天之勢

然而能否就此
立足臺灣
奔向世界大舞台

就得看牠那
唬唬生風的威力了
但，千萬要當心，別自那
霧煞煞的
高空失足摔下

二〇〇三年二月十六日於臺北哲思工作室

賞花

每年只要一到了
燕子來臨時
陽明山便幻為一片花海，尤其那
在雨中點火的映山紅最美

為了分享這瞬間
浪漫的時尚
使整座山全都被賞花人潮擠爆
讓泣血的杜鵑暗自嘲笑

就這樣竟也有些
帥哥辣妹們
群集於那花鐘前以搞怪彈奏吉他

而演出一幕幕另類的秀

最令人玩味的是
當風兒的手
把賞花客的頭髮揉得亂成飄蓬
看上去好像是座茂密森林

二〇〇三年三月二十二日於臺北哲思工作室

小品系列

經典與永恆

任何一種藝術品
必須具有其
特殊性然後才能成為
經典而化作永恆

我與詩

昨夜，我以詩潑灑星雨
今晨，詩讓我吟唱黎明

早餐珍品

像是簇擁的扁舟

停泊在平靜的
湖面上滿載黃金白玉

最清醒的人

有夢最美，但在
做夢前務必
要回過頭來看看昨天
您做了些什麼？一個有智慧而且
能解析夢的人
才是最最清醒的人

二〇〇三年四月八日於臺北哲思工作室

即興四則

一

星海浮沉
讓世人
看得眼花撩亂

二

遍地烽火
把藍天
燒成一片灰濛

三

搞怪詩潮

使繆斯
不知怎樣面對

四

沙漠茫昧
令孤鳥
只好凌空飛颺

二〇〇三年五月八日於臺北哲思工作室

如斯異象

或許是著了魔吧
沒事就扒糞
且以骯髒的口水噴得島民們
大都被感染了晦冒

有時，那搞怪的
快閃族也來
插上一腳像遊魂似的一晃就
消逝在人的浪濤裡

以如斯怪離之象
需要降一場
暴風雪才能埋葬這橫議以及
那割喉嗜血的瘋狂

最可悲的，是把
民粹供奉為
神主牌，以操弄的主導招術
去撕裂族群的融合

儘管那扮演幕後
平衡推手的
有人不斷隔空喊話，不希望
另一個麻煩製造者

然而，吊詭的是
一轉身卻又
瞥見一波波在喊公投的群眾
而盲目的湧向街頭

二〇〇三年六月三十一日於臺北哲思工作室

就這樣

一路走來，不知
經歷了多少坎坷
但在探索的過程中只為著尋得
內心深處的那一片天

這是屬於自我的
一份雕琢的藝術

而且相應於生命的
美感，相應於
空靈的禪境以及那靜的恆動
其間所要論述的
是後現代另類的怪離

就這樣，我以結構性
或抽象性的語彙
寫出一系列烽火中國的悲歌

二〇〇三年七月四日於臺北哲思工作室

假若我是一隻鳥

——以漂泊的心情
為之雕琢這十四行詩

當鳥和晨曦有約
從夢境中以啁啾與之對話
山坳蒸煮氤氳
海上播送煙嵐
無非在呼應天外流泉
為紀錄歲月點滴揮毫
假若我是一隻鳥
每天帶著輕音樂為迎接黎明演奏
把歌聲搏起的浪花
潑灑在藍空浩瀚的金波上
偶有濃霧瀰漫

模糊凝眸探索視野
我仍將縱身層巒
撥開那朵火山的雪蓮

二〇〇三年八月八日於臺北哲思工作室

野農詩之錄

後晚期作品　卷之二

創作的時間　二〇〇三——二〇〇五

水都的夜空

偶爾因朦朧的凝固過重
擠爆畫中的漩流而模糊了遠山倒影
只有少數過境的候鳥
正嬉戲於明暗交錯的沼地

．

夜帶著風濤漫遊天際
閱讀星海浮沉錄
霧拔起於雲端，以天地為壺，替人間
釀製大我之愛的濃濃微笑

．

最糟糕的就是那群
翻雲的蝙蝠，把水都的夜空

潑灑成滔滔濁浪
讓江流湧出滾滾黑潮

．

之後，當海面的水花幻為
草原上會唱歌的星星
天邊的雲朵建構一座座聯邦島之國
我已沉醉在這宇宙的奧秘裡

二〇〇三年九月十二日於臺北哲思工作室

對峙

是造化有意捉弄
抑或戰神動用它的工兵
把太平洋上的
那座橋給攔腰斬斷

從此使兩岸之間
便深深地劃了一條鴻溝
其中所湧動者
無非是一波波驚濤

微妙的是在彼此
跨海互動的心靈傳真機
卻未曾因阻隔

而被凍結在雲深處

如斯已越半世紀
可是烽火海峽所濺起的
漫天陰霾煙霧
仍滯留在藍空打轉

或許劫數還沒了
讓它留待時間去解決吧
千萬別再綁架
民粹引爆海疆風雷

二〇〇三年十月五日於臺北哲思工作室

植物園那棵大榕樹

夜在它的髮叢裡
隱匿些星芒
而演出滿天的螢火秀

可那搖曳的身影
在荷花池畔
卻被風吹得七零八落

這時有位詩人和
它同時站在
那裡聽萬籟與之對話

之後它學作畫家

以神來之筆
繪出一幅莫內的水彩

就此收藏者把它
陳列在夜底
博物館裡供天神鑑賞

二〇〇三年十一月六日於臺北哲思工作室

最美的時刻

從夕陽釋出的
光波中看雲嶺上的彩虹
已經為兩岸
搭建了一座拱橋

哇！太好了
沙鷗竟也能
在藍空捲起千堆雪

這時，不管是
一滴淚或
一葉草還是一朵花
只要能稱得上純美與不染塵的意象

就能給人以
微觀的真實感受

聽那正在逐夢的音籟
卻也能剝開萬道光芒

二〇〇三年十二月八日於臺北哲思工作室

她

時已向晚，忽地
一陣大風吹
把她那夢幻的秀髮
潑成璀璨星河
當斜陽外出現了
楓葉的影子
秋江上她仍在吟唱
那首酩酊的歌
可我面對著徐蚌
會戰的餘燼
她已從那場烽火中

化作如霧之茫

但這時懸崖的嵐
卻透過了那
裸裎的藍空而將她
繪為一抹彩虹

二〇〇四年一月十六日於臺北哲思工作室

醉

酒是雅癖者的饗宴
嘯傲只為抓狂
腳底板下的地心吸引力就此頻頻
被那鏗鏘的音樂光譜
潑灑到星空翩躚翻騰閃爍
哇！好多的翅膀啊

於是我恍若一隻鳥
正向那無涯岸的天之邊陲飄浮
當叢林幻為藍色湖泊
我俯衝而下與眾禽族飆舞
逗得懸崖的
櫻火爆出滿江紅

醉，是醇膠發酵後
釀造的魔術師
她非僅能給人享有夢的浪漫
甚至有時以不雅之言
挑怒了對方打一場泥巴仗
也是很本土的呀

那末，就讓我醉吧
酩酊吧！即令不能媲美醉翁歐陽修
或醉聖李白，但總可
以惺忪醉眼注入於黃昏裡
把西山醉倒
而蔚為一灣醉海

二○○四年二月五日於臺北哲思工作室

今夜

三一九兩顆神奇子彈的
疑雲仍在星空閃爍
但捲起的浪花卻被陰雷引爆於灘頭
使得謎團翻騰為漫天沙塵雨

於是遂將割喉之夜
釀造了雙峰社會的鴆酒

然而只有那似水的月之華
頓時成了淒美的象徵
詩與夢全都寫在這含有淚光的煙波裡

山縱身於雲海打坐

我佇立於窗前沉思
詭異的風則以迅雷掃蕩一條
黑洞式的陋巷
而大笑一聲，便嚇得
飄忽的幽靈亂竄

之後，我悄悄推窗外望
伸手探索，竟抓了一把霧，回來

二〇〇四年三月二日於臺北哲思工作室

如斯悲劇

台灣這島國之所以
淪為國際孤兒
是因歷史偶然與轉折所演成的悲劇
如今卻像朵殘雲在飄浮著

最值得反思的就是
那荒誕漫天飛
而三一九槍擊案傳為嘲弄故事後
更被籠罩在一片黑暗裡

於是，乾脆把眼睛蒙上
去看世界，或躲在
隔音牆背後傾聽人民的呻吟、吶喊……

倘若還怕亮就捏熄了燈火了吧

可是當台北上空出現
雨過天未青異象
海峽那潛在的狂潮會在加速醞釀
一場即將被引燃的風暴

二〇〇四年四月九日於臺北哲思工作室

時光隧道

1

晨醒的枝頭
鳥在飛翔
面對著那噴灑璨光的朝暾
把藍空當作歌榭舞檯

2

午后的山邊
櫻在玩火
從陽明山燒到觀霧林蔭外
恍若一幅騰空的水彩

3

黃昏的海上
浪在掀波
使得天光雲影發出了閃爍
匯為一條歷史的長河

4

夜半的窗前
月在吟詩
誰知竟將她那淡淡的哀愁
吟成一片夢幻的微笑

二○○四年五月九日於臺北哲思工作室

即令我是個盲者

——也要以心靈觸鬚
探索一則待解的謎團

五二〇一場暴嘯的雨
淹沒了所有焦點
讓連篇荒誕皆化作矯飾之詞
剩下的只是盤殘局而已

所謂歐盟的新模式
才一晃就戛然而止

聽落日雲嶺外的迴瀾
則頻頻傳來警訊
且從太平洋三角地帶爆出狂潮

偶爾閃電交錯自
星空砍下來
將不明光體搏得如凌霄瀑布
隨著怪離的風
捲起海疆滾滾煙塵

而漫步於月下的我，只想
把三一九那兩顆傳奇的子彈，寫成
歷史的幽靈故事

二〇〇四年六月二日於臺北哲思工作室

孤鳥

從凌風的寥落到狂飆的
寂靜之盤旋與跌宕
無非青空的那朵雲在翻騰
之後進入潛隱而把他
亮麗的翅膀覆蓋在一塊僵硬的石頭上
傾聽大地呼吸。但掠過
耳際的竟是些霧煞煞的口水
所噴出的齷齪嗆聲
然而只有憤怒的海為拒絕污染
連忙捲起一波波消毒風濤

所謂孤鳥，有云是詩人
在捕捉靈感的風采

就像有些弱勢精英的少數在面對
這墮落的社會而不願見到
金陽失色、星月幽冥，被晦盲
與黑暗所籠罩擠壓出一種欲飛且止的踟躕
於是，只好將眉頭鎖在
懸崖之上，讓絕望帶著燃燒的眼神
默默地凝視著一個正患有
躁鬱症的太陽將如何跳海自殺

儘管，破碎的憧憬有如啜泣
焚燃的山林被火所埋葬
而您或我既非這島上的中杜鵑
屬於寄生的一群，也不是
來自另一世界之另類的海上漂木，經過
風雨淬煉，他那移植的根鬚
已隨著這裡的陽光、土壤、氣候
像游絲般的深入地層下

挽著一條具有文化中國基因的臍帶
爬上阿里山而抱頭放聲痛哭

但是，我們絕不能就這樣
躲在冷凍庫裡用夢魘
洗滌胃壁上的恐懼，使心靈板塊
在午夜遭到無聲的撞擊
相對的應以詩的語言，張力，從那
金波浩瀚的海上撈起最初被擱置了的願景
再肆回歸到原始的最高潮
好為藍空那隻孤單的身影塑像
切莫讓殘形自相吞噬
把所有山林都燃燒給烽火

此際秋末的落日忽發奇想
有意把山間的楓火
潑灑為雨後的雲嶺夢幻霓虹

期盼激盪的海能掀起
另一波新古典主義的浪潮，好讓孤鳥
從人文的大沙漠聳身跨越
搭乘世紀的風而將他那僅剩的
兩片薄翼注入於青雲
與天比高、澎湃湧動，自會
爆為幾何學的一種能量

人不是鳥，為何把自己
關進都會的叢林裡
雖然玫瑰滿枝頭，卻也走不出寂寞
每天則只有以無奈去閱讀
那充滿著怪異的荒誕而失聲發笑
雲仍在飄，風仍在吹，大海仍在雕塑著浪花起舞
但不知為什麼？只有人文與
社會核心價值的觀念變了，而且在這
島上，有群灰色怪獸

終日踢著火球在比賽瘋狂

而且，而且以自閉心態
關起門來打造劇本
將不知如何面向世界化的地球村
在國際的舞台上演出
因為雲與海原本是無邊、無際
誰也無法把它切割、分開
只有從繁殖孤行主義的源頭去尋找自我
設限的原委，才能穿過
已被窒息了的良知孔道，跳出那灣
蒸煮著屍臭味的腐爛淵藪

其實孤鳥並非那塊頑石
只因所想多屬孤傲
或後現代，激不起浪花，甚至
被冷落到冰雪的窘境

但每當他的羽翼隨著微風自
社會的叢林枝頭輕輕掠過，夢與憧憬
便會相繼湧現。那末
就讓我們敞開胸襟，面對無相
以一片無疆界的大草原
去擁抱他那份理想的堅持吧

二〇〇四年七月十二日於臺北哲思工作室

阿里山的歌聲

啊像海洋的
呼嘯啊
綻放於藍空的斜坡上
尤其那鏗鏘的
音符使得心靈動詞
隨著雲嵐閃爍，讓世人都能
看到原住民
那幅文化的圖騰

聽：「阿里山的
姑娘美如水呀
阿里山的少年壯如山呀」
就這樣，他們

他們每日清晨都以
最雄壯震顫的歌聲唱出了
東方那朵
紅通通的曈曨

二○○五年八月九日於臺北哲思工作室

相約望江樓

——竟成了一個飄搖的故事

儘管已越半世紀
可我的凝眸
卻依然停滯在那扇朝向
北北西的窗口

當徐蚌會戰的砲聲
斬斷了關山路
在雪夜我仍以熾熱的
情懷守候望江樓

就這樣從煙波千里
揮別暴風雨的

那一瞬間，一個何等的殘酷
割裂了的創痛啊

如今，依然在
我心海中隱隱地顫動著
依然在落日
燒焦的雲嶺飄搖

二〇〇四年九月二日於臺北哲思工作室

她與風和雲

她

當我每次來臨時
她總是透過
我的心跳發出詩語言
雕塑美的意象

風

但由於跌蕩的風
捲起了浪花
她更是一句句一句句把湖面
景色說得惟妙惟肖

雲

一朵湧動於
水底的雲
藉著碧空樹影
就寫成了一首詩，沒想到
微雨一潑灑
竟幻為一抹彩虹

二〇〇四年十月二日於臺北哲思工作室

今年的第一個夢

夢以哲思的引力
捕捉月的光譜
聽星星在講述童話的故事

而且把它的影子
從浪蕩中所
踩下的那一顆顆的腳印
全都寫成了詩

當我自夢境中
看見平靜的海面被
落山風捲起
狂飆驚濤使浪花

一朵接著一朵像沙鷗似的
在太平洋上
扮演著白雲飄流

二〇〇四年十一月二日於臺北哲思工作室

歲末的數位印象

當翦影的日曆枝頭
飄下二〇〇四年最後一片落葉
陽光像夢幻似的
猛啃著大地陰霾泣血

最耀眼是雪地裡的
聖誕紅一叢叢自夜空應聲燃亮
讓島民們圍繞著
神秘閃爍的篝火飆舞

之後自然派的畫家
則以宏觀筆觸為歷史洪流潑墨
而把太平洋上那

灰色風濤塗抹成藍波

此際泥土下蘇醒的
種子也乘時爆出它憧憬的吶喊
祇期盼早春熹微
能繽紛雲海島國山林

二〇〇四年十二月三十日於臺北哲思工作室

二五詩組

教授畫家

他既以審美思潮灌溉了藝術苗圃
卻又把兩岸山水揮灑為潑墨經典

植物園的蓮塘

今夜那蓮塘的擎雨蓋怎麼不見了
可是它卻讓天上的星星在水底玩火

樹的投影

樹將它的影子潑灑在淡水河湧動
沒想到被月光吟成一首浪漫的詩

三登阿里山

啊我終於看見那朵紅通通的血蓮
從一片驚呼中綻放在白雲翅膀上

拼湊的愛情

只能將一筆一畫拼成了彼此心願
可怎麼拼也拼不出那朵愛的火花

二〇〇五年一月十六日於臺北哲思工作室

情何以堪

——可怕的家暴事件

錢真的能夠湮沒了
一切嗎？生命
依然是無可取代的象徵

而邱小妹妹的人球風暴
能否捲起一波良知海嘯巨浪
掀開白塔內重重黑幕
但看人民能否為陽光翻臉

當真相一一被揭露後
啊？社會價值觀變了
醫德沒了，真的是情何以堪

莫名的是，各媒體
多在失焦的狀況外窮追猛打
卻忘掉這整個事件中
那位不可饒恕的狠心爸爸

二〇〇五年二月十二日於臺北哲思工作室

微笑

像是一朵含苞
待放的玫瑰
閃爍於那受之以溫馨
相對的眼神裡

倘能勾勒一條
美的曲線
所有陰影會隨風而逝

各位不妨試試
即令是作秀
也必能成為一項具有現代性
社會價值的經典

啊請看！天邊的
那彎上弦月
不是蕩漾在您臉上了嗎

二〇〇五年三月十二日於臺北哲思工作室

願景

流金的河浪花不再
坎坷的路卻為他
在搏夢踩下的腳步聲濺起
那閃爍著跌宕的光波

公益是他惟一的選項
期能以愛的關懷
扮演「禮運大同篇」推動者的角色

於是他瘋狂地
敞開了無我的胸襟
把務本
　突破和
　　整合三大環節

熔於一爐，而冶製出一幅
有別於西方
福利國家的經典

之後，已成功的
由本土化
　國際化邁向
現代化，實現了那具有
中國特色與
大同共享的願景

哇！他終於笑了
然而他更希望接棒者
能隨著思潮大踏步向前衝刺參與
世界級的比賽
好拿一面金牌回來

二〇〇五年四月三日於臺北哲思工作室

野農詩之錄

後晚期作品　卷之三

創作的時間　二〇〇五—二〇〇七

翦影秦嶺外

當黃昏濺起最後一滴血
秦嶺外那顆已醉得
像爛柿子的酩酊落日正沿著
地球的斜坡滾入紅海

而覽勝於夢境的我
只期盼從那片
閃爍著的光波中尋找些
發酵的元素釀造一壺香醇的葡萄酒
好與李白相約在
今夜的月下隔海對飲

於是，風起濤湧

看山忽見雲
時而是藍空的曇狀樹或
海上的鼓浪嶼，要不就是那一座座
怎麼也抹不掉的
壯麗河山之大地浮雕

二〇〇五年五月三十一日於臺北哲思工作室

詩是寫真的藝術

把怪異辭藻塞入
後現代詩句
哇好酷
恍若在嚼口香糖
愈嚼愈沒有味
擲地卻爆出了嗆聲

因為詩之美
是發乎自然
就像樹因風而飆舞
蝶見花而癡狂
如果以樸實替代夢幻

讓天工抽離雕琢
詩與美自可融於一體
甚至連腳底板
都能踩出鏗鏘音符
瞧那片用陽光彩繪的白沙灣
不正是一首
渾然的海景詩嗎

可是當福爾摩莎出現
黑金怪獸而淪為
富裕的貧乏之叢林城堡
台北天空立刻就被塗上一層
再也抹不掉的
齷齪與貪婪的陰影

儘管一〇一摩天樓頭
閃爍的霓虹依舊

但那只是為掩飾虛擬的
明日晨曦之對外的平台窗口
所點綴的一束
美麗的塑膠花而已

二〇〇五年六月二十四日於臺北哲思工作室

夜這閃爍的謎團

1

天色，漸漸地失去了光度
可一〇一大樓一翻臉
卻把它那座插入星空的台北地標
燒成了層疊聳動的霓虹

2

相對於內湖科學園區
美麗華的摩天輪
正載著一大群好奇的探險族在
漫遊天際，看星星
如何攀緣叢林枝頭玩火

3

然而，但不知為什麼
奧萬大的夜楓林
在經過一陣暴雨之後個個低頭不語
且對著暗淡的月光泣血……

4

而阿里山縱身雲海打坐
我佇立於窗前沉思
呼嘯的風則乘勢凌空翻騰而降
闖進一所大宅院
試圖從燈火闌珊處揪出那
一幢幢飄忽的幽靈

5

啊！這太可怕了吧

就此推窗探索
誰知抓回的竟是那一把
像死貓形的謎團

二〇〇五年七月三十日於臺北哲思工作室

碧湖晚景

1

晚風以知了的嘶嘶
彈奏湖光旋律
眼看著那匹紅鬃烈馬一頭
鑽進五指山的狹縫裡

2

夕暉就此回眸一笑
卻惹得湖畔的
映山紅這時更加以熾烈的熱情瞬即把
醉人的黃昏燒成了一灘血

3

垂柳經由朦朧伴隨
暮靄飄然入夢
煙嵐霞蔚則透過揮袖的雲鬟
潑灑漫天若淚滴的星芒

4

然而只有那位釣者
依然不動如山
而且聚精會神在注視著水面的浮子
期待能再次聽到魚扯鈴的響聲

後記：「碧湖」，是台北市內湖區有名的景點，屬於陽明山國家公園系列的一部份。其意象之美，無不令人稱讚；尤其是傍晚或入夜之後，當您在沿著環湖路漫步時，會讓您在不知不覺中與紅塵隔絕，而享有一種身臨桃源勝境的夢幻之旅。

二〇〇五年八月三十日於臺北哲思工作室

中秋夜

登樓賞月已演
為民間習俗
但不知從哪兒來的衝動
一縱身就跳上雲端

而迎接我的
還是那張
帶有些朦朧微笑躲在
陰霾後怕羞的臉

當我伸出兩臂
向她擁抱時
啊好險，因腳底一滑

直摔了下來
可沒有想到卻為我
雕塑成一則具有浪漫性的
夢幻鏗鏘詩話

二〇〇五年九月八日於臺北哲思工作室

浪漫的憧憬
——一首迄未能完成的詩

我曾以滾滾煙塵劫
寫過一首跡近殘存
憧憬於期待的詩
如今有些句子早就從風雨中失去蹤影
但它的最後兩行卻依然
在我的心海裡不時跌宕著鏗鏘
「啊您那朵夢的蓓蕾
為何仍不願迎向我綻放」

半個世紀過去了，而我的
這首一直在期待的詩
並未因烽火中國的餘燼隨風而逝

它更以翻騰飄泊的翅膀
航向茫茫雲天外去探索
夕陽霞蔚能否噴灑出亮麗鋒芒
「啊您那朵夢的蓓蕾
為何仍不願迎向我綻放」

此際，我只好以鬱悶
仰望著西山霓虹
燃亮滿天星火，仰望著夜之神
把水湄那灣上弦月
一腳踢到了太平洋上的
浪波裡，載浮、載沉、踟躕、徬徨……
「啊您那朵夢的蓓蕾
為何仍不願迎向我綻放」

二〇〇五年十月三日於臺北哲思工作室

誰

1

是誰把那輪
天邊月
雕琢得那麼圓

2

是誰把那朵
山巔雲
滌蕩得那麼白

3

是誰把那束

星空雨
潑灑得那麼亮

二〇〇五年十一月二日於臺北哲思工作室

城市文化

城市是所在地的
文化陳列館
從不同城市的面相
去認識和辨別不同的國家或
民族心靈創意的實體

在一座城市中最
能被凸顯者
就是那一幢幢建構的原素
經過雕塑後便能
呈現出它的獨特風采
像臺北一〇一那座

摩天大樓非僅具有
其歷史背景與
文化層次的深度之一棟高品質的建築藝術
而且更是舉世仰望的象徵地標

二〇〇五年十二月八日於臺北哲思工作室

讀史

光之源探索

是外太空灑下的
流星之淚滴
抑或盤古氏釋出的視網膜

混沌中忽傳來
轟然一聲大爆炸

哇！光之源的按鈕
開啦，悄悄地
悄悄地突破亙古最後一層霧障
也為上帝的造化

燃亮第一朵愛的火花

閃電

暴風雨之前
雷公之怒
而把雲嶺迅即抽打得
像是鞭刑的烙痕

電子報

莫再磋跎，趕快
打開網路吧
它已經為著您和我準備了
切磋詩藝的咖啡座

二〇〇六年一月五日於臺北哲思工作室

詩畫篇

當台北一〇一大樓那傲視全球霓虹
燃亮了星空景點，夜之神卻把
凱達格蘭大道的月光潑灑到內湖鷺鷥山下大湖的堰埂上
好讓情侶們沿著水湄的花之長廊，漫步、牽手

聽，湖畔林蔭間的蟲聲之唧唧
柳岸波動處的浪花之涓涓
將寧靜與瀺的渾然攪拌在這煽情的夜色裡

山，一座座聳身於雲海漫遊天際
星星，向人間投下愛的眼神
怪異的風，則一跨步穿越湖中的九曲橋，而將那一盞盞
撲朔迷離的燈影，飄忽成一系列若

螢火似的幽靈之隱現，或載浮而載沉
之後，有塊銀色的隕石忽自碧落
凌空飛躍而降，瞬即把夜空燒成一條
恍若懸於地球斜坡的鞭形傷痕
於是狹窄的天光下出現一個另類的巨型螢光幕
上面竟有隻黑手在胡亂塗抹
使所有光譜都隨著霧濛化作泡沫……

二〇〇六年二月八日於臺北哲思工作室

過程

躑躅

既不願抿著嘴咀嚼
那被無奈所折磨的鬱悶
又豈可渾然不覺
跟在別人屁股後打轉

探索

於是把惆悵放逐於
茫茫若瀚海夜之星空吧
看它爬上雲嶺後
能與蒼天作一次對話

頓悟

沉睡了二十年的夢
終於在一扇窗之玻璃上
經由晨曦跌宕的
幾滴鳥聲而把我點醒

願景

就此將黎明的光譜
種在藝術海洋的洪流裡
好讓現代詩捲起
另一波超世紀的浪潮

二〇〇六年三月三日於臺北哲思工作室

愚人節現象

當翻騰於雲海的風
突然潛入禪境
使今日雪嶺外那個昏沉的太陽
為拒絕孤寂乾脆
放把火搏起版面驚濤

這時有種警訊大聲
對著叢林怒吼
試圖嚇阻一頭怪獸正在那裡
踐踏路旁的生肖吸血

阿里山被掏成土石流
而台北上空飄起了一片茫茫

藍天就此遭抹黑
綠地卻腐化為污濁骯髒
然而竟有群真假莫辨的蠢蛋族之笨瓜
任由一個吃人夠夠的魔頭
捏著她們的脖子當作玩偶在耍

二〇〇六年四月一日於臺北哲思工作室

人生只是一場夢

沒錯。今春帶電的雲
就從我夢的南柯
乒乒乓乓搶先飆響了那面鑼

夢，原本是種幻象
或雨後勾勒的
天邊跨海的那座橋。但無可否認
它卻成了人生的活力聚焦

讀書是在築夢，而
工作是在圓夢
品茗搏奕或論詩是在說夢

即令是日薄西山
終站已在那
由夕陽燃燒的夢中隱然發出
跡近黃昏訊息的呼喊

二〇〇六年五月四日於臺北哲思工作室

昨夜

昨夜，當我步入
心靈的南柯
就幻為一隻凌空翺翔的翅膀
飄浮成天地一沙鷗

之後，海上那一顆顆
跳躍星芒就點燃我的憧憬
那遼闊而又高遠的
天空正以無限連綿雲朵
勾勒出一幅幅展示於碧落之上
變形藝術的雕琢精品

可是，當我從制高點

俯瞰大地，發現一群醒獅們
正在凱達格蘭大道
向黑暗發出憤怒的吼聲

於是，我就迅速地
悠然凌空而降
回到我夢幻的部落格
看明日這幕即將被突破的防火牆以及
那邪惡貪瀆的醜陋
將如何接受歷史的審判

二〇〇六年六月三日於臺北哲思工作室

酒

酒是上帝的賜予
經用作酬酢後
則演為一種普世的民俗文化
讓彼此有了
陶醉的呼乾豪情

那末，就效法李白
酒仙酩酊吧
可千萬不能沉湎而醉成
那個癮君子的酒魔

當我抿著嘴猛力
吞下一口帶有些辛辣

香醇的刺激而
拾起那有益於飄然
有益於打破寂寞的靈感之
同時出現
夢與幻的遐思

二〇〇六年七月六日於臺北哲思工作室

楓紅之旅

這是枚經由夢幻的
血液彩繪的符號
是從七夕激盪於笑靨
之後即閃爍在
奧萬大繽紛的山嶺
而成為一種邏輯燃燒的過程
且相互等待
等待那朵朵楓紅

也許，由於憧憬的
想像或秋的遐思
只好在浪漫的回憶中
找回些經典吧

可是它組成的結構
卻無法顯示當初假設的主題
終使無花果
對苦楝樹的癡狂

就這樣，我選擇了
沉默與楓的詠嘆
將滿懷熟透了的感悟
放諸茫茫視野
讓往日那些模糊的
身影流入泣血的黃昏裡使之
凝固成一塊
幻覺的永恆化石

二〇〇六年八月三日於臺北哲思工作室

四行三帖
——不同主題的組合

品茗

我才喝了一杯
東籬菊花茶
就聽到西風在窗外不停的嘮叨
問我與陶潛在聊了什麼

星雨奇觀

只因她那一笑
便使得寂寞
而遼闊的夜空立刻飄起了一道
白髮三千丈的滾滾江流

太現實了吧

也許，這是個
失憶的社會
讓太多曾經發亮過的政治人物
瞬即自浪波中隨風而逝

二〇〇六年九月九日於臺北哲思工作室

文林俊彦

當你凌霄的翅膀
跨越了不惑
而你的教學及民俗研究
即融會於宏觀
但為著人生多元化
你卻又從你的古典文學專業領域中
闢了個夢幻區塊
作為雕塑詩藝的林園

哇！你所寫的
那首紅葉，恍若一棵
醉倒黃昏的樹種在白茫裡。啊
「一陣西風

吹紅了山頂
等下了雪
不就是聖誕老人的
帽子嗎？」讚

後記：文林，本名林文俊，為「三月詩會」成員之一。本次雅會輪值召集人王幻，為對其出國講學歸來表示歡迎之意，乃將詩題訂為《迎文林》，於是乃成斯作。

二○○六年十月二日於臺北哲思工作室

大同社會的藍圖

儘管在太陽底下
沒有相同的
事物，可真理卻永遠
與宇宙，同在

而孔子學說
其所以
能歷久彌新，無疑

乃是以人性
為主軸
尤其是禮運大同篇
那幅藍圖

經由以不忍人之心
推行於不忍人之政而歸趨於
不忍人之仁，終使
我看到它已經在地球村
匯為世界
人類思想主流

二〇〇六年十一月二十二日於臺北哲思工作室

大地一聲雷

就因為這一聲
轟然的震撼
叫醒了生物界所有的冬眠之後
連簷之淚都滴成了陽光

而一個新憧憬
瞬即自朦朧中顯現

瞧！那翻山越嶺的
春水，從天際
蔚為一道絹絲瀑布，那爭艷鬥麗的
山櫻花，搶先在
雨中點火，而化作彩蝶

紛紛鬧上枝頭
最令我驚訝的是
在那縹緲的
太平洋上，經由春風
播弄的煙嵐中
隱然有「亂石穿空
驚濤拍岸，捲起千堆雪」
哇這不就是
造物者的傳奇嗎

設若這大地一聲雷
能對那一小撮
身陷意識形態醬缸猶執迷
不悟的狂妄之徒
每人一擊重重的耳光

南台灣的濁水溪會湧出潺潺清流
台北城上空的烏瘴
會應聲而散，雨過天青

二〇〇六年十二月五日於臺北哲思工作室

野農詩之錄

後晚期作品　卷之四

創作的時間　二〇〇七——二〇〇九

要NEW一下

泥土下的種子
在飆出頭天
東回的斗柄則以夜明珠的光芒
扮演一座新時序的指標

當日曆枝頭
飄下了
丙戌年最後一片落葉
家家户户都在為
十二生肖接力賽輪值的豬仔
霹靂叭啦鳴槍起跑
於是牠一縱身跨出

超前的第一步
讓滿堂喜極而泣的繽紛紅燭
用熱淚為之加油燃燒

瞧！雲海的冰河
已經在解凍
夢境的鐵樹花也開了
但不知哪門子教
只為了要NEW一下卻把三隻小豬
喬入成語典而痛遭諷嘲

二〇〇七年一月五日於臺北哲思工作室

天地一沙鷗

面對一扇朝向北北西窗口
立刻又使我走回從前
啊好冷！就在那場暴風雪之夜
爆發了徐蚌會戰
霹靂驚恐，於是我匆匆地
展開翅膀自彈片滴落如星雨的叢林中
攀鑾穿雲而過，卻來到
僅剩下一盤殘局的首都金陵

就此我抖落一身風沙
心情則更加沉重
當紫金山的黃昏在泣血
雞鳴寺的晨鐘

被淹沒在一片砲聲裡
這時我別無選擇只有再度翱翔
從南京跨越浙江的
金華、廣東的深圳，而

飄泊到太平洋上的一座名叫
福爾摩莎的孤島。儘管
我只是一個過客，但為了追夢
旋即向專業的領域，飛颺
於今我只有一個期待，就是敞開
胸襟，擁抱無限，把海峽上空的那道彩虹
化成羽、吟成詩，悠悠
航向雲之外，飛成天地一沙鷗

二〇〇七年二月六日於臺北哲思工作室

照妖鏡

之一、新聞眼

只要它一閃爍便可以穿透
任何隱密層的一堵牆
即令是鎖國照樣會把他那骯髒爆出來
躍上國際媒體新年度的十大醜聞

之二、天眼

像是一道法的光譜在掃描
叢林深處的鬼鬼祟祟
使那撮吃相難看的嘴臉全都被老天爺
歸納為人間世的一堆有毒的垃圾

之三、人民的眼

最雪亮的莫過於人民的眼
貪婪則只有坦然面對
而一個象徵著國家最高道德標準的人
若整天在說謊，就是他心中有鬼

二〇〇七年三月二日於臺北哲思工作室

洗手

——法官比拉多的故事

據傳說當耶穌
被判死刑時
審判官比拉多助理為
他準備一盆洗手水
誰知這一洗就越洗越髒
再也洗不乾淨了
於是他天天在洗天天
在洗，盆裡彷彿有片陰影在幌動著
就這樣直至他臨終
在進入鬼門關之前仍蹲在
地獄門口洗手
這時他才心有所悟

低頭一看，哇原來是盆
閃閃發光的血水

二〇〇七年四月二十日於臺北哲思工作室

放下吧

夕陽一眨眼便跳進
西山外的雲海
黃昏則透過晚風滲入林蔭
去探索夜底迷思
而這時面向窗外的我
以若有所悟似的問：「你快樂嗎」
生命外的憧憬
為什麼還不能放下

究竟這是我的愚蠢
還是沒有智慧
放下不就是另一個夢麼
只有放下，才能

使一切歸零找回自我
也只有放下才能擁抱自在，揮灑自如
所享有的，更是那
無與倫比的無邊風月呀

二〇〇七年五月二十八日於臺北哲思工作室

現代夫妻三段論

一、相愛

愛情是來自直覺
緣會使彼此
像觸電似的強烈與
莫名的衝動。於是隨著青春吶喊
瞬即便掀起了
一波波浪漫的高潮

二、相忍

微妙的是，就此
由巔峰滑落
恍若跌入一汪冰海

如斯則只有以相互包容為之磨合
才能化解冷卻
渡過被撕裂的悲局

三、相伴

當一切恢復平靜
回憶當年那
狂熱的愛與後來那
低迷的氣圍，卻不約而同的相對
而笑，啊夕陽
已在噴灑璨璀霞芒……

二〇〇七年六月三十一日於臺北哲思工作室

詩的青春活力

由於詩與她有緣
才使我每每
流連放蕩於從前。那柳蔭畔
蓮塘邊處處
都在潑灑著靈感底
飛泉……

於是滾湧動的詩潮
瞬即以狂飆的夢幻
審美的哲思，演繹為一把巧奪
天工的鑿刀而
在與詩神相對的微笑中
默默於鏗鏘之雕

之後，當我穿過了
血染楓林晚
看到西山外那抹
醉得像陶潛的夕陽在搖曳著
黃昏燕尾服時
不就是最美的詩麼

二〇〇七年七月九日於臺北哲思工作室

一場戰爭
——卻演成我一則詩與夢的飄搖故事

老天爺真的是
會捉弄人
我於不知愁的年代
曾寫過一首命題為虹的詩
時雖超越半世紀
卻依然在天之外飄搖

或許，這是因為
滾滾煙塵劫
在夢中我和她相對悵望
皆不甘坐待於死亡

沒想到這首詩當徐蚌會戰爆發後
幾已演成驚恐的斷句、殘章

這時我已跨長江之險
來到首都的金陵
在一個無以名狀的情境下
頓感悲痛欲絕
眼看著那滯留斜陽外的夢竟幻為
彈片滴落若星雨的茫然

而且石頭城外的黃昏
似在棲霞山泣血
雞鳴寺的鐘聲，怎麼敲
也敲不醒夜底低迷？而我雖能吟著詩
擎著夢從一場戰火中脫困
可是卻成了浪寄天涯的一孤鳥

如今我只有默默地
以神思之悠悠
金風之颸颸，飄起她那一個
茂密如森林的秀髮
使之散發為凌空涓絲瀑布，好把這詩與夢
捲起了一道另類的漩流……

二〇〇七年八月三十日於臺北哲思工作室

各說各話

——與同一觀點

藍說不獨
綠說不統

而人民
說不武

未來呢就讓
時間去說吧

同一觀點

一窩雲，建構

一座山，在藍空湧拔
一隻鳥，飆成
一面旗，為黎明勁揚
一顆星，濺起
一滴淚，從銀漢跌落
一段情，雕琢
一首詩，讓回眸吟哦

二〇〇七年九月三十一日於臺北哲思工作室

醉紅三疊

——在探索爽與炫之酷

一

昨夜，幌若夢幻似的
捏熄了星空魔影
讓一場千杯少的歡宴飆到沸點
於是面對著紅塵狂笑使得彼此都被酣成了
鵬鳥凌風展翅飛颺
哇！這一醉真的是好爽

二

清晨，透過窗之玻璃
閃爍著東方瞳朧

在撩撥觀霧雲嶺外的山櫻吐蕊
且以她的紅唇向雨中噴火卻引來成群彩蝶
輪番擁抱枝頭翩躚
哇！這一醉真的是好炫

三

之後，當那紅鬃烈馬
從八通關大草原
縱身騰空跨越中天峰際漫步於
西斜的雪嶺下之水湄而以牠濺起的磷光素
塑造一朵血蓮的湖
哇！這一醉真的是好酷

二〇〇七年十月十三日於臺北哲思工作室

阿彌陀佛

——人生為什麼
是這樣的過程？

生

首先要面對的
就是恐怖感
所以一出生即被嚇得嚎咷

老

沒想到時光也夠凶狠
竟把我黃金歲月一分一秒奪走
如今卻只剩下
那一絲絲風燭喘芒

病

最可怕是細菌那微生物
偷偷潛入體內演為傳染病魔

死

而死是大千世界
輪迴的定律
卻也讓人生就此脱離苦海
啊，真的是阿彌陀佛！那麼就趕快向
藍天「揮揮袖」吧
然而您又能帶走些什麼

二〇〇七年十一月二日於臺北哲思工作室

雲海飄蓬

匆匆飄泊了半世紀
為什麼還是在
海上盪漾？還是一片茫茫
只有那跌宕的風
猛力把浪花搓成粉狀
而捲起千堆雪

可這次，為著探索
一篇中古史的殘卷
從長江上游的白帝城悠然飄起
祇想再鳥瞰一次
三國時代的那一則被
託孤的人文故事

儘管，兩岸猿聲不再
李白的扁舟不再
但那以碧連天的藍波驚濤
卻依然在伴隨著
劉玄德兵敗的怒吼
在永安宮輕輕回蕩

之後，當我跨越夔門
穿過了大壩閘口
凌空彈跳而降，這時的我
才體會到三峽這塊傲岸的觀光勝地
已蔚為陳年老窖的酒
不知陶醉了多少墨客騷人

二〇〇七年十二月二十九日於臺北哲思工作室

又是個奧步

——從中正紀念堂改名事件所濺起的第一滴血切入

不要錯愕，更不要
憤而隨之起舞
被捲入設定的黑色漩渦，
就在那正隱匿著
又一個大魔障的奧步

這是什麼世界
還嗆我錯了嗎

最詭異的是在煽動
族群流血衝突

用來掩蓋他貪婪的醜聞
以邪惡詐術作為他欺世盜名的秘辛
史學家定以春秋之筆
把他貶為福爾摩莎的罪人

啊對啦，當暴風雨
化作煙嵐之後
陽光自會從藍空的斜坡上
展露出它的笑靨
夜愈黑星海愈加閃亮

此係邏輯法則
上蒼制衡經典

現在，所要面對的
是中正紀念堂
遭到非法者的更名凌遲

將飛魚風箏層疊掛就能改變歷史麼
相信這黎明前的黑暗
很快就會自阿里山巔消逝

二〇〇八年一月二日於臺北哲思工作室

愛恨情仇

愛

愛以陽光照亮
灰茫人世
以溫暖逕與苦難握手那怕只是
一滴水也當湧泉以報

恨

可我最痛恨的
就是戰爭
上蒼應把那些濫用暴力的狂徒
打入十八層地獄監禁

情

只有親情才是
人生佳釀
每當我在品賞那香醇時就好像
在咀嚼一首經典的詩

仇

而仇是相對與
輪迴的錯
放下吧！不要再繼續迷失在那
血跡模糊的路上徘徊

二〇〇八年三月二日於臺北哲思工作室

那

那，是我最最嚮往的
審美世界的區塊
不知為什麼她與我的距離是那麼
遙遠。只能望著她
望著她從雲嶺斜坡微笑

這，不是天方夜譚
也不是希臘神話
但當我在夢幻中與她接觸的那一剎
夜空就會燃亮璀璨星芒

啊！這太現實了吧
她，就是那面

善於回報的鏡子忠實的在紀錄著
我這隻孤鳥
跌蕩天涯的形影

於是我終於看見了繆斯
風雨中翱翔的翅膀
從碧虛向東方沿著印度洋捲起一灣聳動
爆發出一波波後現代的迷濛

二〇〇八年五月二日於臺北哲思工作室

心靈底奧秘

昨夜那參天的
阿里山景
是自然雕塑家的傑作
當我以微醉
掐碎了星光芒刺
便隨著風聲從雲海去探索
一則人文歷史源頭
誰知就在這充滿著憧憬
與瑰麗的光波上
雨也揮起它生花之筆
分別以水彩或潑墨為之塗鴉
之後，為了另一
可鑑清境，只有用

工藝始能打造
純真樸實的半畝方塘
於是則面對夕陽
無限好，還有那懸崖
恍若丹楓的映山紅，經由靜的恆動
走進繆斯花圃
火星文竟蔚為奇葩

二〇〇八年七月二十二日於臺北哲思工作室

哲思

當你看到一個人
她像一朵花
還是一葉草？答案
立刻就會
從你心海浮出

如果當你看到
一窩雲，那是
樹還是山？這問號
是虛擬的那
就讓膝蓋去答吧

二〇〇八年十一月九日於臺北哲思工作室

聽與看

我經常以抽象性的
思緒捕捉靈感
聽繆斯在講述一些屬於
希臘神話的故事

之後，當我看見
銀漢在閃爍
卻引來白令海峽的風掠過髮的叢林
爆出滿頭雪花茫茫……

二〇〇八年十二月十六日於臺北哲思工作室

牛轉乾坤

合歡山在飄雪
哇好冷呀
最讓人受不了的
就是那黑灰色的金融大海嘯
使得整個世界
都被凍得直打哆嗦

景氣像溜滑梯
陽光沒了
若問燕子何時來
誰也不知道
恐怕連主導自然變遷的
易之神都無法預約

然而倘能以牛之夯
與其狂飆的犇
即可突破關關難過關關過
而且您就是
春江水暖前的
那隻鴨子

二〇〇九年一月二日於臺北哲思工作室

新視野與後現代

秦嶺外，那幅
冰封的畫作
已被大地一聲雷轟得稀爛

讓新視野燃亮
滿天璀璨星芒

儘管另一幅水彩
還沒有展出
可驚爆的櫻花枝頭卻搶先
在雨中點火而
把陽明山燒成紅海

於是蔥鬱、翠微
與勁拔凌空
爬上了青康藏大高原
看「大江東去，浪淘盡千古風流人物」
沒想到接替者
竟是一波波後現代
那搞怪的浪潮

二〇〇九年二月十二日於臺北哲思工作室

夢斷春江情難釋

——兼論潘皓教授的《夢泊斜陽外》

周伯乃

我國近體詩講究的是神韻和境界，所謂：「藍田日暖，良玉生煙」，是詩人想像的景物。現代詩要求的是意象與象徵；當然，還有其他的，如隱喻、比喻、內在張力、外延力，以及音樂性、社會性，等等。而最重要的，詩必須有情趣、有意境，有耐人尋味的想像空間，有可望而不可即的美境。曾吉甫認為「學詩如參禪，慎勿參死句，縱橫無不可，乃在歡喜處。」這正說明古人寫詩的奧秘，是可悟而不能言傳的美妙處，也就是現代詩人所謂的可感而不可釋，可意會而不能言傳。在我苦讀了潘皓教授的「夢泊斜陽外」詩集後，我一直思索要用什麼角度來評論。潘皓教授。是一位社會學者，從事我國社會安全制度之研究與建立，具有相當獨特的見解，他的學說已引起海峽兩岸學術界的重視與探討。

如果，我用社會學的觀點，或用黑格爾的美學基調來闡釋他近期的作品，也許極容易處理他的一些心路歷程和創作背景。而「夢泊斜陽外」，是他早期的作品，是他青年時期的作品。那時，正是少年十五二十時的不知愁時期。但他生不逢時，戰火燃燒在中國廣袤的土地上，馬嘶、礮鳴、迫著他離開我國學術風氣鼎盛的安徽，開始流亡，攀越萬里江山，以「走出了山洞／洪荒被釋放的脈搏如流／帶著夢和歌猛力湧向黑色莽林之外」的《路》一詩，開始他的創作生涯。

一個生長在文化遺產豐碩環境的青年，朝夕的耳濡目染，自然有其對文學，對文化展發的必然影響。

潘皓教授這本《夢泊斜陽外》詩集，並不是他的第一本詩集，而是在他創作年代上，應屬於早期的作品。從每首詩詩末所註明的日期來看，都是從一九四六到一九六五年間的作品。是中國內戰正烈的年代，也是年輕一代被迫流亡、背井離鄉的苦難年代，潘皓和千千萬萬中國青年一樣，向著迢遙的遠方，向著無窮無盡的天之邊陲探索、邁進，摸著黑夜，想著黎明的陽光，涉過千山萬水，像滾滾的江河，隨著流亡的人潮，對著陽光奔去。

走過千山萬水，走過他的青春歲月，這本詩集就是他一步一腳印的歷史紀錄。全集分為四卷，第一卷，大部份的詩，是完成於他的故鄉——安徽鳳陽，和流亡途中的南京、廣州、香港；從第二卷以後，都是在台灣創作的，但仍有太多的故國情愁，和懷鄉之戀。

他的詩，有感傷的情愁，也有浩浩的壯志，和深邃的民族情結。譬如《候鳥》裡的「仲秋過後／自塞外冰封的／北國悠悠然渡長空而來／南止於衡陽／作客至春二三月」。這既是寫候鳥的情懷，何嘗又不是寫遊子的心情呢？唐朝薛瑩有詩云：「落日五湖遊，煙波處處愁！浮沈千古事，誰與問東流？」是詩人看見太湖上的落日和煙波，感嘆人生如水的浮沈，最後都盡付東流。潘皓是看見候鳥，感嘆人生如過客。劉禹錫也有「何處秋風至？蕭蕭迭雁群；朝來入庭樹，孤客最先聞。」遊子最容易感受的是「寂寞」，潘皓也沒有例外。

寂寞糾纏著心靈不放
猶如花影眷戀瑤臺的那般情濃
　重重疊疊
　疊疊重重

這兩句疊句，是詩人刻意加重「寂寞」對他的重壓。雖然他以花影眷戀瑤臺般的情濃比喻寂寞與他心靈的糾葛，事實上，已暗示了年輕人對寂寞的無奈，想掙脫，怎麼也掙脫不了。

連續讀了他在其故鄉鳳陽寫的詩，我覺得他並沒有受當時新詩潮流的影響，看不見新月派的浪漫，也沒有現代派的象徵；反而有唐代溫庭筠、韋應物的情愁。比如：溫庭筠的「澹然空水對斜暉，曲島蒼茫接翠微。」（利州南渡）「雲邊鷹斷胡天月，隴上羊歸塞草煙。」（蘇武廟）；而韋應物的「世事茫茫難自料，春愁黯黯獨成眠。」（寄李儋元錫）等等。潘皓也有：

石頭城的黃昏似在滴血
秦淮河畔的笙管被淹沒在一片砲聲裡
只有滿街梧桐枝頭的
落葉 在寒風中訴說蕭蕭

——夢斷金陵

從古詩詞中蛻化的句子或襲用一些意境，是現代詩人普遍現象。如余光中、洛夫、葉維廉等傑出詩人都大量自唐詩、宋詞裡吸收精華，以及仿用一些古詩詞的句式與現代詩的語式相結合，創造出另一種幽幽古典情懷，是古典的傳承，也是現代的創新，文學就是傳統與創新的相承相傳。同樣題材與情緒，卻有不同的藝術表現形式。這裡所謂的「形」，並不是一般所見的分行、分句、分段的外在形式，而是陳世驤先生所指的「詩裡的一切意象，音調和其他各部相關，繁複配合而成的一種有機的結構 organic structure，作為全詩之整個表情的功能。」（引自其「中國詩之分析與鑒

賞示例」一文）

潘皓仿用古詩詞的句式很多，而且都能呈現出現代詩人的情感。如「江南煙柳」，不僅標題很有古典雅意，其內容、句式，更具有古詩詞的趣味。

沒有霧何其迷濛
但其煙波外
一對剪雲而來的翻風紫燕
穿梭於妳的髮叢裡

於是我依稀
聽到渭城朝雨的淅瀝
在訴說西出陽關
無故人的古老再版故事

這是蛻化王維的「渭城曲」：「渭城朝雨浥輕塵，客舍青青柳色新。勸君更盡一杯酒，西出陽關無故人。」

公元七三七年（開元二十五年）春，河西節度副使崔希逸為保衛河西走廊，大勝吐蕃，王維奉使出塞宣慰，並留任河西節度使審判官。所以，寫了很多邊塞的詩。其實，唐代寫邊塞的詩人很多，如：高適、李白、王昌齡、王之渙等等，不勝枚舉。

一九四九年十一月，潘皓輾轉自南京到了廣州，北望中原，烽火正熾，「一列載著冬天的火車／匆匆地把徐蚌會戰的砲聲／帶到了南方。」這時，詩人真正體認到「國破家亡」的悲痛，戰爭使他流浪、憤慨。於是，他唱出了「誰使我流浪」悲歌，而發出民族的怒吼！

在流浪中我曾
滴下了兩顆淚
一顆滴在飄流天際的長江
另一顆則滴在老家的淮河
就因爲這兩顆淚便成了
我一肩扭不乾的鄉愁

尤其當點點漁舟載著落日返港
尤其當颯颯金風燃起滿山楓火
或夜雨敲窗而驚夢
或孤燈影搖於空冷
鄉愁更凝重
鄉思更深濃

遊子思親懷鄉，是人的本能。潘皓是詩人，有比常人更容易被撥動的情愫，更能被激盪起內心的思鄉和戀鄉情結。他悵望著縹渺的煙水，悵望著茫茫的雲海，但不知何處是歸程。映入眼瞼的是他曾經走過的南京的紫金山、北京的大前門，嘉陵江畔的重慶，以及廣州的黃花崗……。如今，這些曾幾何時是他最熟悉的地方，都只有在夢裡浮顯模糊的形象。事實上，詩人在「讓筆燃亮一盞燈」一詩裡已點出：「戰爭使我流浪／復使祖國錦繡河山被蹂躪得／滿目瘡痍。」他慨嘆多難的中國，不知「何時能走出戰爭的悲哀。」

戰爭與死亡，就好比天上的兩朵雲，永遠追逐在一起。

詩人潘皓在《香江春曉》一詩中苦嘆：

在漂泊中
死亡雖如影隨形
然而我總是昂然的向前走著
那怕暴風雨之夜
甚至見不到一絲星芒

文學是人類的良知，自始就是反映時代、批判社會。潘皓這部份詩，明顯的是批判當時國共內戰的恐怖和加害無辜的悲慘事件。但他沒有逃避現實，反而，面對現實，堅強在那種惡劣處境中「擂響戰鼓」，期待踏著血路回去，拉起歸帆，乘風破浪回去，這種意願，不僅是詩人的意願，也是千萬孤臣孽子的心願。所以，當一九五〇年四月初，來到台灣的第一首「獻禮」，就明顯地表示：

頗風雨過後
踏一路繽紛歸去

詩人潘皓來台灣初期，國家正處於風雨飄搖的危急存亡之秋。就題材和內容而言，雖然有些變動，而他的表現技巧，仍沒有太多變化。法國文學批評家泰約和英國詩人兼文學批評家T．S．艾略特，都認定環境是可以改變，或者影響詩人創作的內容。潘皓的「悵望」一詩，就是寫他初到台灣的詩。

於是我發現
山麓那排剛搭起不久
克難的小木屋裡
住的全都是爲保衛疆土的漂泊戰士
窗外那舉著旗
排著隊的椰子樹們
正象徵著一群孤臣孽子

不甘受
屈辱的挺拔

這就是因環境的變遷，使詩人創作題材和內容都有了極大的變化。在大陸時，潘皓寫的是滿山楓火、北國的霜雪，和塞上的風雲，以及金陵的梧桐；到了台灣以後，面臨的是貧窮，是滿街的木履聲和那僅能遮陽避雨的小木屋，以及高高的椰林，這種亞熱帶僅有的植物，在他的故鄉是沒有的。於是，詩人特別賦予它另類生命感，象徵著一群自大陸來台的孤臣孽子的心境。其「斗室情調」亦復如此，是寫他居住的環境，只有八個榻榻米大，亦就是只有四坪大。在這小小的斗室裡，讓他常常想起故鄉、想起童年，想起淪陷在家鄉的親人。一首詩所以能使人感動，是因為詩人緊抓住個人的經歷表現出人類共同的情感。因此，一個詩人不僅要熟悉自己的環境，還要對事物有比常人更為開闊的視域。潘皓不但對其周遭的環境有相當的熟悉，而且對事物的觀察力亦比常人深入、透徹，再配合其敏銳的感覺性和智慧的透視力，使他的詩成為現代人在六〇年代的最大悲情。

六〇年代到七〇年代，是台灣詩壇最紛亂的年代，有人主張橫的移植；有人主張縱的傳承，也有騎牆派，認為兩種都各有所長。但無可諱言的，在這十數年間，因政治環境所迫，台灣成了文學的斷層狀態，大陸之四十年代的作品一概禁讀，只能零星在坊間買一些詩集、詩選，或文選及舊書報，瀏覽一些大陸作家的作品，反而，一面倒鑽研美、英詩選，和一些極少數的歐洲文學。因而，促使歐美的各個流派，包括現代派，象徵派、未來派、意象派、達達派，以至超現實主義，都大量流進了台灣詩壇，也深切影響到台灣詩創作的走向。而潘皓並沒有隨波逐流，追趕時髦，他仍然執著於自己的創作方向，寫他自己所經過的人生經驗，寫他自己所熟悉的事物。如淡水河、日月潭、台北西門町的電影街，等等。

毫無疑問的，潘皓在中國古典文學中是受過嚴格訓練，至少在我國古詩詞裡沈潛過相當的時日。所以，在抒情與古典的迴響裡，他掌握住最恰切的語言，以現代詩的技巧表現出這個時代的悲劇經驗。他的成功，是他語言的創造，有古典的情趣，卻沒有落入古詩詞的巢臼，他靈活運用了中國傳統詩的豐碩詞彙，創造出他個人的藝術風格。

或許有人以為寫詩只是個人情緒的表現，其實不然，詩人表現的個人情緒是與時代息息相關。譬如潘皓寫「陽明書屋」一詩：

今晨無霧
從芝山岩攀緣而上
藉著一朵雲霞
尋尋覓覓　除把各個景點
框進凝眸外
其中彷彿還有著
一抹殘存的防空洞陰影
不知屬於
歷史的那一頁
傷痕

芝山岩，在台北的郊區，緣它而上可到達陽明山頂。而「陽明書屋」就在陽明山麓，亦是早年蔣公介石先生休閒之所，現為中國國民黨典藏黨史資料之處，在那屋裡，典藏著無法清點的「絕版的叢刊」，也珍藏著中國人世代交替的真實史料。詩人潘皓不僅客觀地描寫了陽明書屋，也把自己的情感融化在詩裡，從一抹殘存的防空洞窺見世界，窺見中華民族的歷史傷痕。但沒有點明那一朝代的歷史，這正是暗示著「陽明書屋」的神秘色彩，更重要的是要把那一頁歷史傷痕，留給讀者去追尋、探索。因為，那是屬於我們這一代的歷史教訓。我在拙著《影響人生的書》中說過：「歷史的本身有兩種意義；其一是隨宇宙的存在而存有的歷史，這個歷史是包括存在於宇宙間萬事萬物的演變過程。其二是專屬於以人為重心的發展歷程的歷史，乃所謂人類的歷史。人所以異於其他生物，是因為他能創造歷史的意義，在本能以外運用理性接受歷史的教訓。」

潘皓教授是我國當前極少數實際參與社會安全制度之研

究與建立的學者。他不僅關懷社會、關懷國家，也關懷人類的歷史變遷。他用詩，用懷古的情愁，展現出這一代人的悲歡離合，展現出戰爭所帶給人類連年的苦難。於是，他企圖用詩來喚醒政客們的好戰野心，以抒情的柔性，用來表達這一代人的生命悲情和悲劇經驗。

一九九九年五月四日發表於世界論壇報

一枚投入西北風的丹楓

——潘皓教授《夢泊斜陽外》讀後

謝輝煌

教授詩人潘皓，一九二九年生，安徽鳳陽人。十七歲就『一腳踩進詩的泥沼裡』（見〈自序〉），開始寫詩。且在國共內戰的烽煙中，從家鄉寫到南京、杭州、廣州、香港、台北，像一枚投入西北風的丹楓，飄呀飄的，飄到東南的海島上，吟唱至今。這簡單的幾個地名，就勾出了一幅流亡圖，一頁辛酸史，和一串長長的無奈。

《夢泊斜陽外》是詩人的第三本詩集，收有自一九四六年至一九六五年的作品計四卷八十首，每卷涵蓋五年，每年四首。作品均註有創作時地，且依時間為序。由於他在一九六〇年前，曾先後結集過《微沁著汗的太陽》和《在莒集》，故這個集子也算是他的第三本『自選集』了。

在這個集子裡，有周伯乃的〈序〉，王祿松的品賞：

〈路的啓示〉，可並為一讀。他的〈自序〉，則提出了對詩及詩人的看法：

——詩，是一種存在，一種藝術，和一種莊嚴的美。

——一首詩，要有內涵，意境、情調與韻味，而且，更要富有人文精神，及生命意義與價值。

——詩的功用，是宣情言志，以達到『秩序的和諧』。

——每一個詩人，都必有其所從屬的個人之個人觀點，所從屬的鄉土之鄉土情份，所從屬的社會之社會習俗，所從屬的民族之民族性格，所從屬的時代之時代背景。

上述看法，是創作和鑑賞詩藝的基石。現在就站在這塊基石上，來讀〈一扇朝向北北西的窗口〉：

「九月黃昏／覆蓋著哽咽的江流／使晚來的潮汐／擁抱破碎的山河痛哭／一扇朝向北北西的窗口／正默默凝視著遠方／凝視著那來自西伯利亞的戰火／陷多難的中國又將／再次面臨兵連禍結的悲劇／當驚恐寒星落盡／窒息的沙場／忽傳來一陣春雷似的砲聲／成簇的地丁香／連珠在山谷間綻放／於是一襲彩雲的／翅膀驀然在晨曦中飄起」。

這首詩，作於一九四七年九月六日，淮河岸邊的鳳陽。時當抗戰勝利，國土重光的兩週年，怎說『破碎的山河』，且『又將再次面臨兵連禍結的悲劇』？既如此，又哪來「一襲彩雲的／翅膀驀然在晨曦中飄起」的美景？啊，我了解了，原來內戰早已從日本宣佈投降時就已經開始，山河也早就破碎了。到了這年夏初，蘇聯更指使蒙古騎兵侵我新疆北塔山（位在烏魯木齊東北），在我國版圖上開了『一扇朝向北北西的窗口』。政府隨即向蘇聯及外蒙提出嚴重抗議。五月，張靈甫殉國山東孟良崮，延安一再拒絕和談，全國又陷入驚恐。所幸，鎮守西北的胡宗南，一舉直搗延安，消息傳來，舉國振奮。繼之，政府下令全面戡亂。以上的『時代背景』，或即此詩的腳本。

再讀〈窒息的驚恐〉（又見『窒息』、『驚恐』）：

「當徐蚌會戰／自雪的覆蓋之地層下爆發／莽莽神州／頓成烽火中國／一個還是／不知愁的慘綠少年／驀然幻為一隻斷了線的風箏／漂泊於／無涯岸的天際／最難忘的／一次窒息的驚恐／是在浙江金華的黃昏海岸／未悉從哪兒／掃射

過來的一陣鎗聲／我自死亡的人堆裡醒著爬起來／摸黑渡河／心跳在血泊中／飛濺／匆匆／越過一座山／背後仍有巨大的喘息／在敲擊著我／脆弱無告的生命／正捲起在錢塘江上那澎湃的／潮聲裡／逐浪花滾動。」這首詩，乃詩人於一九四九年八月六日，逃亡到錢塘時，紀錄在金華從死亡的邊緣幸生的一幕。此詩第一節，寫大逃亡的原因。蓋國共百萬雄師逐鹿中原的徐蚌會戰，是從民國三十七年十一月八日。黃伯韜兵團在蘇北碾莊被圍攻時起，在風雨中捉對廝殺了六十五天，至邱清泉在皖北青龍集自戕殉國時止。迨共軍揮戈渡江，就是大逃亡的開始。惟在會戰之前的兩、三年間，國共在山東、河北、山西、河南四省邊界之地及蘇北、魯南一帶，早已打得熱鬧非凡。當張靈甫殉國，該地區已有不少學生家長，請求校方或拜託地方上有聲望的軍政官員，將子弟帶離家園，流亡南下。詩人大概在該年秋冬之際，首次『幻為一隻斷了線的風箏』，之後與家鄉音信斷絕，且幾與死神擁吻。或許這是『天恐文章渾斷絕，偏教潘皓在人間』（奁五代何光遠《鑑戒錄》句）？否則，便沒有這些詩來替歷史作見證了。

而且詩中有句『莽莽神州……』，固是形容當時的大江南北的悽慘現象，但也是當時的一隻歌名。聽：『莽莽神州，湮沒在煙霧中；漠漠原野，沒有人影蹤。悽慘人間，辛酸淚灑心胸、漫漫長夜，做不完惡夢……。』此外，還有〈斷腸紅〉、〈月落烏啼〉（以上均為抗戰勝利後才出道的吳鶯音所唱，吳是左派控制的歌星）、〈四季美人〉、〈東山一把青〉等，都是當時流亡者的悲鳴。

詩人由杭州到廣州，是因那時政府已遷廣州，有亡命海外的跡象。他到廣州後，在一首〈那堪回首〉的詩中寫道：『雪繼續飄著未歇／大地的晨景被堆砌成一片茫茫／一列載著冬天的火車／匆匆地把徐蚌會戰的砲聲／帶到了南方／然而你可否／知道可否知道我走過了／多少荒徑莽原／多少困厄危殆』？

此詩作於一九四九年十一月二日，農曆九月十二，金風送爽時。當時，台灣的天氣也很好。但在詩人的心原上，仍飄著徐蚌會戰時的雪，家鄉的雪（鳳陽就在蚌埠東邊），且驚恐得連火車的轟隆聲都聽成了砲聲。然而不管如何，詩人心中的餘悸，及對家鄉、親人等的思念與傾訴，均淚眼婆娑的在字裡行間。

趙翼題元好問的詩說：『國家不幸詩家幸。』詩人所選自一九四六年到一九四九年間的作品，都是在『國家不幸，自己也不幸』的際遇下寫的。另外如〈金陵夢斷〉、〈風雨故鄉〉、〈江南煙柳〉、〈一個浪者的獨白〉等，一路讀下來，有如在讀文天祥的『山河破碎風拋絮，身世飄搖雨打萍。皇恐灘頭說皇恐，零丁洋裡嘆零丁。』令人不勝唏噓。

在廣州失守前，詩人得貴人之助到了香港。他驚魂甫定，便要〈讓筆燒亮一盞燈〉：『要讓它組成筆隊伍／組成正義之師／代劍出征在疆場／橫掃千軍萬馬』。接著，在一九五〇年二月五日，出爐了一首五百多行的朗誦詩〈誰使我流浪〉（今節錄重刊），詩的第一章是這樣寫的：

「帶著離愁悲憤／踏著風雨泥濘／明知這是對自己的一種虐待／為什麼偏要走向茫茫天涯路／為什麼／為什麼？」之後，接著又說」「誰把極權叫作民主／誰把奴役叫作自由

／誰使我流浪／誰迫我逃亡／是誰／是誰？」

這章詩，不僅有〈流亡三部曲〉的苦味，更有『戰鬥文藝』這個名詞（『戰鬥文藝』是民國五十四年四月才提出）。詩人身在香港，他之所以有此『悲憤』的控訴，完全是因內戰而使他身心受到了無比的痛苦所致。所謂『極權作民主，奴役作自由』，詩人縱未親身領受過，也早已耳聞目見。因為，蘇北的『共區』離他家不遠。後來生成的『晉冀魯豫解放區』，也在他家四週。還有『民主是一桿鎗』的怪論，他不會陌生。所以，他的控訴決非偶然。

詩人選入這些創作，當然不是想向『誰』討回什麼，他只是單純的信奉著『凡走過的必留下痕跡』（〈自序〉）的真理，單純的要讓『青春不留白』而已。詩人在香港獲得流亡學生收容所的照顧，停留了三個多月，才順利地到了台北。那時，他像一隻浴火重生的鳳凰，對週遭的一切無不感到新鮮與多彩。最能代表他當時心情的，是『所有的鳥全都張開了翅膀／所有的山全都舉了手臂／所有的森林全都編成了綠色隊伍／所有的江河／全都擂響了／戰鼓』（〈那所有的全都站了起來〉）。不過，能『站』起來的原因中，有『古寧頭大捷』，這是無可否認的事實。

對國事，他樂觀了許多，但那『忽來一陣無情棒，打得鴛鴦各一方』的亂世創痕，時時仍在發痛。就像〈夢泊斜陽外〉說：『如今年華雖已老去／而戀情卻依舊／但願以一枚丹楓投入蕭蕭西風裡／羽化為一葉扁舟／輕輕航向斜陽外』，正是他一項不幸的悲歌。

以上所舉各詩，無一不與詩人的小我和大我有關，應予『檢驗通過』的肯定。

詩人在〈自序〉裡說：『始終無法尋得對所謂『現代詩』的新格律之詮釋方向。』其實，有沒『方向』，也是『方向』。能用簡潔的語言把情意表達出來，而別人也能看得懂，感到那份情意的存在，應該就是詩了。

平情而論，詩人在『少年十五二十時』，就有『讀書人』的思想和詩藝的表現功力，令人敬佩。而詩從模倣來，詩人也不免。如〈在水之濱〉，『但在這水濱的長堤上／卻處處洋溢著／羅曼蒂克的風情』，那個『卻』字就是模倣

『分筋錯骨』的斷句法而來。另一方面，國學底子好，又易流於「諷誦舊章」。如〈候鳥〉中的『南止於衡陽』，便是受了前人『衡山之南，有回雁峰，雁不過此』的傳說所致。事實上，雁已早來台灣了。詩人對意象的捕捉，如『一列載著冬天的火車／匆匆地把徐蚌會戰的砲聲／帶到了南方』，就天然渾成。但如〈斗室情調〉中的『筆插在墨水瓶上』，便有象無意。若改作『枯立在墨水瓶上的筆』，其意象全出。明朗的語言，是詩人的特色，而〈夢泊斜陽外〉的『滾滾煙塵劫／蕭蕭落木秋』，集中僅見，貌古猶新。但『啼破春曉』，先後見於〈今夜〉及〈待〉，便產生『減幅』效應。楊妃出浴，只宜初見，妙詞亦然。無可否認，《夢泊斜陽外》有可味的文與史，且關『小我』也關『大我』。如『徐蚌會戰』，歷史意義之重，陣仗之大，死傷之多，可笑傲千古，如今，連憑弔那個『古』戰場的詩文，也難得一首一篇。幸而，詩人在詩中兩次提到，也算是『不容青史盡成灰』了。所以，又可據此驗證『詩是一種存在』，及『詩須有生命的意義與價值』的詮釋。詩是腳走出來的，杜甫有

『國破山河在，城春草木深』之句，詩人則有『九月的黃昏、覆蓋著哽咽的江流／使晚來的潮汐／擁抱破碎的山河痛哭』……等多層次的描繪。文與史，情與景，相契相依。這樣的詩，就不是古今的『象牙塔』可與之一較短長的了。

二〇〇二年十月十五日發表於世界論壇報

雲過山腰細搖風

——評介潘皓教授的《雲飛處》

秦嶽

從中學時代起，就對現代詩近於狂熱癡迷的詩人潘皓，繼出版《微沁著汗的太陽》、《在莒集》及《夢泊斜陽外》之後，又出版了《雲飛處》的詩集。《雲飛處》共分四卷，詩人潘皓頗具匠心的自一九六六至一九八一先後長達十六年之久，從創作豐富的作品中，每年精選出五首，每四年為一卷總共收錄詩作八十首。說《雲飛處》是詩人潘皓的詩選集，當也不為過。

個人讀書有個習慣，凡是新書在手，必先閱讀作者的自序或後記之類的文章，然後再看他人的序文或評介。因為這是開啟一本書的鑰匙。門打開了，自然可一窺全書的堂奧。

正如詩人在自序中說：

我寫的詩，多半是記錄我漂泊的歷程，與人生苦難的重現；同時也是在訴說戰爭帶給我們這一代人的悲歡離合之一種縮影。

職是之故。我們就可以窺知《雲飛處》詩集中內容的梗概了。

曾有一位電台節目主持人説：「一字頭年代出生的人，命最苦；五、六、七字頭出生的人最幸福。」這話的確不錯。試想：那個年代出生的人，誰能躲過戰禍雜亂的波及呢？即使是乘風破浪，驚魂甫定的在寶島落足之後，似乎得到了一個喘息的機會，然而，當落霞夕照的黃昏時分，三五好友，把酒望月，多少童年往事，多少故國舊夢，都緊緊的抓牢在他們的話題之中。此時、此地、此情、此景，真的是「鄉淚客中盡，孤帆天際看」，怎麼能不淚濺衣袖，魂飛夢馳，思我故鄉呢？

是以，從有人類就相偕而至的鄉愁，割不斷，解不開，只好任其滋長，蔓延在人們的心田。鄉愁啊！這千古吟唱不絕的悲歌。

詩人潘皓在《雲飛處》一書中，不少詩作都流露著強烈的思親懷鄉的摯情。

這島上　正成長一個年輕
浪子的夢
　夢著復國
　夢著還鄉
　　——時間的河

西風裡濤聲
已喊得有些嘶啞
於是我把凝眸擲向雲天
讓夢魂
獨愴然歸去
　　——鄉關何處是

可是我依然
看到那雲深不知處

有來自天上黃河之水的奇彩
長江三峽的險峻
以及故國石頭城外的
那「霜葉紅於二月花」的棲霞
楓火之美
正在異國雲間
流成一道飄浮的圖騰
——異國雲天外

於是在我心靈的深處
那已被吟哦得稀爛的還鄉夢
正如同難忘的童年一樣
在今夜這黑色的驚恐中依然存在
依然會徜徉於
神州那十萬里平疇
——黑色的詭異驚恐

於是我一轉身
竟跌落在鄉思的泥淖裡
沿著來時路
一路走回到童年
——這兒不是杭州

儘管這裡也是中國
我依然要
踏月乘風歸去
——儘管這裡也是中國

古有「烽火連三月，家書抵萬金」的深刻感受，試想睽違故土家園長達數十年之久，真可以說是「雲深黑水遙」，「夜夜鄉山夢寐中」，豈只是「痛苦摧心肝」所能刻鏤出「權把他鄉作故鄉」的遊子情懷於萬一。

詩人潘皓從事教育及社會工作之研究近四十年，至今仍在中部朝陽科技大學任教，並擔任中國社會工作協會副理事長職務。

農人生活，雖然春耕夏耘秋收冬藏，日出而作，日入而息，刻板、呆滯，一成不變，但卻隨興，可作可息，不受外力牽制與干擾，而公教人員卻事事受干擾，時時受牽制。所以，詩人也會吶喊著：「有一天當壓力被煮到沸點／那份激情便會／從燃燒中猛然爆裂。」有了這種生活在都市文明裡的忙碌感與人海茫茫喧囂中的困頓感。詩人更在〈一隻沒有自由的鳥〉中首兩句：「藉著風與線的操作，讓這彩繪的浮雕翱翔於天上。」詩人將風箏與鳥經過類似的聯想，揉合在一起。但鳥在天空可自由飛翔，而風箏卻是藉著風與線的操作，顯現出欲飛而不能自主的悲哀與無奈。是以詩人在該詩結尾末兩段，就有如斯的感嘆：

每欲展翅
但不知怎樣才能掙脫
那條牽引線
成了我一個死結

可是在此刻
我只是一隻沒有自由的鳥
任憑他人
牽著鼻子飄搖

這充分流露出那種受到牽制受到干擾，不能隨心所欲，心靈飽受桎梏的戕害所壓擠出來的呼聲，企圖欲藉詩作一吐為快。

詩人潘皓在台灣這塊土地上生活了數十年，當然也十分熱愛這塊土地，關心這塊土地。所以，詩人在《雲飛處》八十首詩作中，依序有：〈台北圓環夜市〉、〈青草湖滄桑〉、〈復與橋畔路燈〉、〈阿里山日出〉、〈棲蘭山景〉、〈福隆的七月〉、〈基隆廟口的鄉土小吃〉、〈花蓮港剪影〉、〈阿里山神木〉、〈日月潭畔的向日葵〉、〈玉山蒼鷹〉、〈風城之夜〉、〈台北的天空〉，以及〈影子〉等十五首詩是描繪台灣著名的景象，而且詩人曾親臨其地其景所留下美好之烙印，這也足以說明詩人藉著詩作訴諸視覺感官把台灣的民俗風情、美麗景觀，一一呈現在讀者面前，使讀者有身臨其地其景的真實感受。

《雲飛處》這本詩集榮獲「第五屆詩歌藝術創作獎」的殊榮，是有其道理的。期盼詩人潘皓在作育英才，從事社會工作之餘，能創作出更多更好的作品。

二〇〇一年十月發表於《乾坤》詩刊第二十期

國家圖書館出版品預行編目資料

野農詩之錄 / 潘 皓著. -- 初版. --臺北市：文史哲, 民 98.07
面 ： 公分. --（文史哲詩叢；87）
ISBN 978-957-549-858-0 平裝)

851.486 98010209

文史哲詩叢 87

野農詩之錄

編 者：潘 皓
出版者：文史哲出版社
http://www.lapen.com.tw
登記證字號：行政院新聞局版臺業字五三三七號
發行人：彭正雄
發行所：文史哲出版社
印刷者：文史哲出版社
臺北市羅斯福路一段七十二巷四號
郵政劃撥帳號：一六一八〇一七五
電話886-2-23511028 · 傳真886-2-23965656

實價新臺幣三二〇元

中華民國九十八年（2009）七月初版
中華民國九十九年（2010）七月再版

ISBN 978-957-549-858-0 08887